Die Abenteuer des Fliegers von Tsingtau

Leben wie gedruckt

Edition Flaschenpost im Wunderkammer Verlag

WUNDERKAMMER

Die Abenteuer des Fliegers von Tsingtau

Meine Erlebnisse in drei Erdteilen

Von Gunther Plüschow

Wunderkammer Verlag
Edition Flaschenpost

Neu gesetzte Ausgabe

Edition Flaschenpost
Covergestaltung: lüchtenborg informationsgestaltung, Oldenburg
Printed in EU

ISBN 978-3-941245-00-6

www.wunderkammer-verlag.de

Inhalt

Vorwort

zum

610ten Tausend

Die „Abenteuer des Fliegers von Tsingtau“: die Worte klingen hell und lockend. Damals, als das Buch zum erstenmal erschien, hatte es einen Widerhall, den nichts seitdem erreichte. Europa war im Krieg, in Ost und West starrten die Schützengräben, und man wußte schon, daß dieser Zustand fast endlos sein werde. Da kam, mitten in der niederdrükkenden Einförmigkeit der Generalstabsberichte, ein kleiner Band heraus, gezeichnet mit dem Namen eines deutschen Kapitänleutnants, der, wie da und dort gemeldet worden war, sich fern an der chinesischen Küste, in dem von den Japanern belagerten Tsingtau durch verwegene Erkundungsflüge hervorgetan hatte; und es hieß auch, er sei wieder in der Heimat, zurück aus englischer Gefangenschaft. In dem Buch erzählte er von seinen Erlebnissen. Sie waren viel, viel wechselvoller, als die kurzen Zeitungsnotizen ahnen ließen. Eine Odyssee über das Weltmeer dahin, von den Schlammfeldern Chinas und den Palästen der Mandarine über Amerika und den Atlantischen Ozean in die Bollwerke Gibraltars und in den Londoner Hafen; das letzte Asyl eines vor den Spähern sich rettenden Flüchtlings, der statt des Offiziersjacketts die schmutzigen Lumpen des Arbeitslosen trug. Und so sachlich dieser Gunther Plüschow schrieb, mit dokumentarischer Echtheit, so spannend in ihrer frischen Natürlichkeit las sich seine Wiedergabe dessen, was ein oft verzweifelter Kampf um die Freiheit gewesen war. Da war Mut und Freude an der Gefahr, strahlende, unerschrockene Jugend, ritterliche Sportgesinnung, die auch im Feind den ebenbürtigen Gegner sah.

Das kleine Buch ist in wenigen Jahren in 600.000 Exemplaren verbreitet worden. Man fand es überall, es begeisterte die junge Generation, und es drang ins Ausland, in japanischer Sprache bis nach Japan, das sich sehr gut erinnerte, welche Streiche der blonde deutsche Marineflieger den Belagerern von Kiautschou gespielt hatte. Es wurde ins Englische übersetzt, in demselben London, dessen Presse sich lange von ihrem Staunen über das rätselhafte Verschwinden des „Hunnen“ nicht erholte. Einige Zeit war es vergriffen; aber unablässig wurde nach dem „Flieger von Tsingtau“ gefragt. Jetzt soll das Buch in neuer Gestalt hinausziehen, erwartet von denen, die ihm treu geblieben sind, und um seine zahllose, dankbare Anhängerschaft noch zu vermehren. Nicht als Kriegsbuch, sondern als ein erlebter Roman, der jede Phantasie überbietet, und der auch unserer Jugend gibt, was sie immer wieder am heißesten ersehnt: aufregende Abenteuer voll unmittelbarster Wirklichkeit.

Berlin 1927

Fliegerfreuden und Fliegerleiden

Es war im August des Jahres Neunzehnhundertunddreizehn, als ich in meiner Heimatstadt Schwerin anlangte. Mehrere Wochen hatte ich mich in England aufgehalten, hatte mich vor allen Dingen in London dem Studium der dortigen reichhaltigen Kunstschätze hingegeben und mich tagelang in London und seiner Umgebung herumgetrieben. Damals ahnte ich nicht, wie wertvoll mir diese Streifzüge zwei Jahre später werden sollten.

Eine gewisse innere Erregung und Unruhe hatte mich schon auf der ganzen Reise befallen, und als ich in Schwerin ankam, wagte ich nicht, meinem Onkel, der mich abholte, die Frage, die mir seit Tagen auf der Seele gebrannt hatte, zu stellen. Denn in diesen Tagen sollten die neuen Herbstkommandierungen der Marine herauskommen, und für mich handelte es sich darum, ob mein seit Jahren genährter Wunsch endlich in Erfüllung gehen sollte.

Die Frage meines Onkels: „Weißt du, wo du hinkommst?“ traf mich wie ein elektrischer Schlag.

„Nein.”

„Na, dann herzlichen Glückwunsch, Marinefliegerabteilung!“

Vor Freude hätte ich am liebsten mitten auf der Straße einen Handstand gemacht, doch die guten Schweriner Mitbürger wollte ich nicht zu sehr in Aufruhr versetzen.

Endlich war also mein Wunsch erfüllt!

Die letzten Tage des Urlaubs vergingen wie im Fluge, und froh kehrte ich zur Marineschule zurück, um die letzten Wochen meiner anderthalbjährigen Tätigkeit als Inspektionsoffizier zu vollenden, und wohl noch nie habe ich mit größerer Freude meine Koffer gepackt, um meiner neuen Bestimmung entgegenzufahren.

Gerade einige Tage vor meiner Abfahrt kam einer meiner Kameraden zu mir und rief mir zu:

„Wissen Sie schon das Neueste, wo Sie hinkommen sollen?“

„Ja, Flieger.“

„Mensch, Sie ahnen ja noch gar nicht Ihr Glück, Sie kommen ja nach Tsingtau!“

Ich war sprachlos und muß ein ziemlich dummes Gesicht gemacht haben.

„Ja, Tsingtau, und zwar als Flieger! Sie Glückspilz, Sie sollen der erste Marineflieger in Tsingtau werden!“

Es war wohl kein Wunder, daß ich dieses nicht glauben wollte, bevor ich die offizielle Bestätigung erhielt. Es war Wirklichkeit. So viel Dusel sollte ich tatsächlich haben.

Drei Monate Wartezeit noch in Kiel, und endlich brach der erste Januar Neunzehnhundertundvierzehn an, und ich befand mich im geliebten Berlin.

Und die Unruhe! Gar nicht zu bremsen war ich. Und schon am zweiten Januar stand ich in Johannisthal und dachte sofort mit dem Fliegen anfangen zu können. Aber mir ging es wie wohl den meisten Flugschülern. Zum ersten Male lernte ich den alten Erfahrungssatz der Fliegerei: Nur die Ruhe kann es machen, wer fliegen will, muß vor allen Dingen warten lernen!

Warten, warten und immer wieder warten. Achtzig Prozent der ganzen Fliegerei besteht nur aus Warten und Sichklarhalten.

Es hatte nämlich Frau Holle gefallen, ihre Daunenkissen auszuschütteln, und das ganze Flugfeld war unter einer tiefen Schneeschicht begraben. Fliegen unmöglich. Und wochenlang kam ich jeden Morgen wieder und dachte: Nun muß doch der Schnee fort sein! Aber enttäuscht kehrte ich nachmittags wieder nach Hause zurück.

Im Februar endlich wurde es schön. Und am ersten Februar saß ich glücklich vorn in meiner Taube, und auf ging es zum ersten Male in die herrliche kalte Winterluft hinauf. Das Wetter meinte es gut in diesen Tagen, und unermüdlich wurde Tag für Tag geschult.

Die Fliegerei lag mir, das hatte ich bald heraus. Und

ich war ganz stolz, als ich schon am dritten Tage allein fliegen durfte. Zwei Tage war ich gerade allein geflogen, da kam an einem schönen Sonnabendnachmittag mein unermüdlicher Lehrer Werner Wieting zu mir und sagte: „Na, wie wär's, Herr Oberleutnant, wollen Sie nicht gleich Ihr Pilotenexamen machen? Das wäre doch ein netter kleiner Rekord!"

„Ja, natürlich, ich bin klar!"

Zehn Minuten später saß ich bereits in der Maschine, und lustig drehte ich mit meinem Täubchen die vorgeschriebenen Kurven. Es war eine wahre Lust, sich in der herrlichen Winterluft herumzutummeln. Und als die letzte Prüfungslandung tadellos geglückt war und als mein Lehrer mir stolz zum Glückwunsch die Hand reichte, da war mir so recht wohl zumute, und ein Gefühl der inneren Befriedigung und des Glücks beschlich mich.

Nun war ich also Pilot! Die Schulzeit war vorüber, und frei und allein konnte ich von jetzt ab täglich eine der großen hundertpferdigen Maschinen nach Herzenslust fliegen.

Ein Sonderunternehmen sollte mir damals viel Freude bereiten. Rumpler hatte einen neuen Eindecker herausgebracht, der besonders auf gutes Steigen gebaut war. Es galt nun, mit diesem Flugzeug den Welthöhenrekord zu erringen. Der bekannte Flieger Linnekogel sollte dieses Flugzeug steuern, und er bat mich, als sein Beobachter mitzufliegen. Was war selbstverständlicher, als daß ich ja sagte!

An einem der letzten Tage im Februar starteten wir zum ersten Versuch. Dicht eingehüllt zum Schutz gegen die große Kälte saßen wir in unserem Flugzeug, und voll Neid blickten uns viele Menschenaugen nach, als sich leicht wie eine Libelle schon nach kurzem Anlauf der Vogel erhob. Mit der Uhr in der Hand beobachtete ich die Höhe, und schon nach fünfzehn Minuten waren zweitausend Meter erreicht, damals eine außerordentliche Leistung. Nun ging es aber langsam. Die Luft wurde sehr unruhig, und wie eine Feder wurden wir durch die heftigen Fallböen auf und ab geworfen. Nach einer Stunde hatten wir endlich viertausend

Meter erreicht, als mit einem Fauchen und Spucken der Motor anfing zu streiken und nach wenigen Sekunden mit einem Ruck stehenblieb. In Spiralen glitten wir mit großer Geschwindigkeit dem Boden zu, und wenige Minuten später stand das Flugzeug wohlbehalten auf dem Flugplatz.

Die Kälte war zu groß gewesen, der Motor war einfach eingefroren und dieses Hindernis nicht bedacht worden. Emsig wurden Verbesserungen eingebaut. Schon einige Tage später starteten wir zum selben Versuche, und dieses Mal schienen wir mehr Glück zu haben.

Ruhig und sicher gewannen wir stetig an Höhe.

Viertausend Meter, viertausendzweihundert, viertausendfünfhundert Meter, Gott sei Dank, der Rekord vom letzten Male war gebrochen! Die Kälte war fast unerträglich, und ich glaube, selbst die dickste Pelle hätte bei dem scharfen Luftzug nichts geholfen.

Viertausendachthundert, viertausendneunhundert Meter! Nun fehlten nur noch vierhundert Meter, dann war das gesteckte Ziel erreicht. Aber wie verzaubert weigerte sich das Flugzeug, auch nur einen Meter höher zu klettern. Es half nichts. Der Betriebsstoff ging auf die Neige, und wiederum setzte der Motor plötzlich aus, diesmal in Höhe von viertausendneunhundert Meter.

Ohne einen Tropfen Benzin langten wir wohlbehalten unten an, fast zu einem Eisklotz erfroren.

Alles hatten wir nicht erreicht, aber doch einen schönen Erfolg: der deutsche Höhenrekord war glänzend gewonnen!

Der Erfolg spornte uns aber dazu an, auch das letzte Ziel zu erreichen. Und Anfang März endlich war das Wetter wieder so weit, daß ein neuer Versuch unternommen werden konnte.

Noch dicker eingehüllt wie das letztemal, mit Thermometer versehen, aber ohne Sauerstoffapparat verließen wir zu einem dritten Versuche den Flugplatz.

Die ersten Höhen wurden wieder spielend gewonnen. Große Wolken schwebten am Himmel, die Temperatur war eisig. Als wir durch die Wolkendecke nach oben in den strahlenden Sonnenschein durchstießen, hatten wir ein herrliches Erlebnis. Plötzlich sahen wir nämlich vor uns, von der Sonne wunderbar beleuchtet, ein Zeppelinluftschiff, welches ebenfalls zu einer Höhenfahrt aufgestiegen war.

Welch wunderbare Begegnung in über dreitausend Meter Höhe! Weitab von allem Menschengetriebe, hoch über des Alltags Sorge und Last trafen sich die beiden Maschinen, die so beredt von Deutschlands Kraft und Können zeugten.

Wir umkreisten den großen Bruder einige Male und winkten ihm mit den Händen ein stummes „Glück ab" zu!

Dann fing der Ernst für uns wieder an. Und unermüdlich mußten wir arbeiten, um unser Ziel zu erreichen. Nach einer Stunde hatten wir viertausendachthundert Meter erreicht, dann kamen viertausendneunhundert, mein Barograph zeigte bald fünftausend, und immer noch brummte der Propeller seine gleichmäßige Melodie. Ruhig und sicher zog Linnekogel seine Kreise. Das Thermometer zeigte bereits minus siebenunddreißig Grad Celsius, aber wir achteten der Kälte nicht. Nur die Luft wurde etwas knapp. Ein leises Gefühl der Müdigkeit beschlich mich, und die Lungen arbeiteten nur noch in ganz kurzen, schnellen Stößen. Jede Bewegung war beschwerlich. Und selbst das einfache Umdrehen nach dem hinter mir sitzenden Führer war mit großer Anstrengung verbunden.

Der Himmel war inzwischen herrlich geworden. Die Wolkenbänke hatten sich verzogen, und wunderbar klar lag unter uns Berlin und seine Umgebung. Nur so groß wie eine Handfläche sah die Weltstadt aus dieser enormen Höhe aus. Ein schwarzer Fleck, in dem man aber klar und deutlich die Straße Unter den Linden und die daran schließende Charlottenburger Chaussee verfolgen konnte.

Von diesem wunderbaren Anblick gänzlich hingerissen, hatte ich längere Zeit nicht auf Uhr und Barograph achtgegeben, und voll Schrecken entsann ich mich meiner Pflichtvergessenheit. Zwanzig Minuten waren etwa vergangen, seitdem ich das letztemal nachgesehen hatte, daß mein Barograph auf fünftausend Meter stand, und jetzt mußte eigentlich das Ziel erreicht sein. Aber wie wurde ich enttäuscht, als mein Zeiger immer noch auf fünftausend stand. Dabei fing Linnekogel an, mir Zeichen zu machen, den Flugplatz zu suchen, und deutete mit der Hand nach unten. Nein, das war mir doch zu arg. Ärgerlich drehte ich mich um, und als Linnekogel dieses nicht sah, versetzte ich ihm einen nicht gerade sanften Tritt gegen sein Schienbein. Dabei hielt ich ihm meine gespreizten fünf Finger vor die Nase und deutete mit der Hand nach oben. Das sollte heißen: Höher, höher, wir sind ja erst fünftausend Meter!

Linnekogel lachte nur, er ergriff meine Hand, schüttelte sie kräftig und zeigte mit der Rechten zweimal fünf. Ich dachte erst, der hat einen Klaps. Und dies wurde noch bestärkt, als Linnekogel den Motor abstellte und in einem steilen Gleitfluge (wir waren senkrecht über Potsdam) in gerader Linie dem Flugplatz Johannisthal zuraste. Nun hieß es für mich aufpassen, den Flugplatz zu finden. Und glücklich standen wir sechzehn Minuten später vor den Rumplerwerken, freudig begrüßt von den Zuschauern.

Es war erreicht! Der Welthöhenrekord war mit fünftausendfünfhundert Meter gebrochen.

Eine Stunde fünfundvierzig Minuten hatte im ganzen die Fahrt gedauert. Stolz standen wir unter unseren untengebliebenen Mitmenschen. Linnekogel hatte doch recht gehabt; mein Barograph war eingefroren, der Linnekogels, der besser und wärmer eingepackt war, hatte richtig durchgehalten.

Die Tage vergingen, und für mich kam die Zeit, wo ich die Heimat verlassen mußte.

Meine für Tsingtau neu gebaute Taube näherte sich ihrer Vollendung, und mit einem ganz seltsamen Gefühl flog ich mein zukünftiges Flugzeug ein, nachdem es die Abnahmebedingungen bestanden hatte. Mich dünkte es damals das schönste Flugzeug der Welt!

Doch mein Ehrgeiz war damit nicht gestillt. Und unbedingt mußte ich vor meiner Abreise nach dem fernen Osten einen größeren Überlandflug in Deutschland ausführen.

Ich hatte Glück. Meine Bitte fand bei Herrn Rumpler Gehör, und er überließ mir eines seiner Flugzeuge, um mehrere Tage in Deutschland herumzufliegen. Mein Feldpilotenexamen war schnell gemacht, und Ende März saß ich an einem Tage früh um sieben Uhr in meiner voll ausgerüsteten Taube, vor mir als Beobachter mein guter Freund, der lange Oberleutnant Strehle von der Kriegsakademie.

Dieser saß heute zum erstenmal in einem Flugzeug. Aber an diesen Flug wird er, glaube ich, sein ganzes Leben lang denken.

Glänzend war der Start. Und stolz zog ich meine Kreise, bis ich in fünfhundert Meter Höhe in nördlicher Richtung davonflog. Alles klappte famos. Die Havelseen wurden überquert, Nauen kam in Sicht, als es plötzlich anfing, diesig zu werden, und keine zehn Minuten später war das Pech auch schon da. Dichter Nebel umhüllte uns. Vom Boden war nichts mehr zu sehen. Das war für den ersten Überlandflug, den ich in meinem Leben machte, eine etwas harte Prüfung. Aber sorglos, wie man eben nur als junger Flieger ist, dachte ich bei mir: Nur Mut, die Sache wird schon schief gehen. Und ruhig flog ich in dem dichten Nebel, mich nach meinem Kompaß richtend, nach Norden zu, denn Hamburg war unser Ziel. Nach zwei Stunden konnte ich endlich in dreihundert Meter Höhe den Boden unter mir wieder sehen, und wer beschreibt meine Freude, als ich einen großen schönen Acker bemerkte. Im stolzen Gleitfluge, just als ob ich über dem Flugfelde wäre, glitt ich nieder und stand bald wohlbehalten mitten auf dem Sturzacker. Leute kamen zu Dutzenden herbei, und groß war meine Freude, als ich erfuhr, daß ich mich auf gutem mecklenburgischen Boden befand und vor allen Dingen dort, wo wir uns nach meines Beobachters und meiner Berechnung befinden mußten. Es war Feiertag, und so hatten wir den guten Leuten ein schönes Sonntagsvergnügen bereitet. Als es aufklarte, wollten wir weiter. Aber der weiche Boden hielt die Räder so fest, daß an ein Hochkommen nicht zu denken war. Unter Freude und Gelächter, unter Hü und Hott und unter manchem derben Scherzworte, welches wir über uns ergehen lassen mußten, zogen die willigen Zuschauer den Riesenvogel über den Acker.

Und nachdem einige Bäume gefällt waren, ging es dann noch über einen Graben hinüber und auf ein hartes Feld.

Trotzdem wir starten wollten, ließ man uns erst weg, nachdem wir uns an vorzüglichem Kaffee und Napfkuchen gestärkt hatten.

Nach reichlichem Händeschütteln und vielem Hurragesschrei und Tücherwinken beim Start waren wir wieder oben und steuerten nördlichen Kurs ein.

Die Freude dauerte nur kurze Zeit. Und schon fünfzehn Minuten später waren wir wieder in graue Nebelschichten eingehüllt. Nach zwei Stunden wurde die Sache ungemütlich, denn mit einem Male fing der verdammte Motor an zu spucken und zu fauchen. Bald machte er dreihundert Touren zu wenig, bald zweihundert zu viel!

Ich untersuchte alle meine Apparate und Ventile und bemerkte zu meinem Schrecken, daß der Benzinvorrat rasend abnahm. So gut es ging, hielt ich mein Flugzeug fest und glitt auf dreihundert Meter herunter.

Aber, o Schreck! Der Nebel verzog sich etwas, und wo war ich? Mitten über der Alster! Und dabei ein aussetzender Motor und nur dreihundert Meter hoch und keine Ahnung, wo der Flugplatz Fuhlsbüttel lag. Nun gab's nur eins: Ruhe und Entschlossenheit. Ein Gedanke durchzuckte mich: Raus aus der Stadt, und keine unschuldigen Menschenleben gefährden! Auf einen Zettel schrieb ich meinem Beobachter: „Wir müssen in fünf Minuten gelandet sein, sonst haben wir keinen Betriebsstoff mehr und gehen baden!" Suchend spähte mein Beobachter nach unten, und plötzlich zeigte er freudig erregt mit der Hand nach einem unter uns liegenden Kirchhof. Der gute Kamerad! Er ahnte ja nicht, in welcher Lage wir uns befanden und welch ein Hohn eigentlich aus seiner Armbewegung sprach.

Wir waren bereits zweihundert Meter herunter. Der Motor ruckte ungleichmäßig, die Benzinuhr zeigte zehn Liter. Ich aber war froh. Aus der Stadt waren wir glücklich heraus, und wenn auch an eine glatte Landung in dem Gartengewirr für uns nicht zu denken war, fremde Menschenleben konnten wir wenigstens nicht mehr gefährden. In solchen Situationen ist jede Sekunde eine Ewigkeit, und Gedanken und Überlegungen jagen sich in unheimlicher Geschwindigkeit. Wer da nicht ruhig bleibt, eisernen Willen zeigt, der ist verloren. Mein Beobachter fing plötzlich an mit der Hand zu schwenken und nach vorn zu zeigen. Und ich sehe jetzt noch im Geiste seine strahlenden Augen vor mir, die mir durch seine Fliegerbrille entgegenleuchteten.

Vor uns schimmerte, von den Strahlen der untergehenden Sonne durch den Nebel matt beleuchtet, die Luftschiffhalle von Fuhlsbüttel.

Hurra! Unser Ziel war erreicht.

Wer beschreibt meine Freude! Mit dem letzten Liter Benzin machte ich noch eine Ehrenrunde um den Flugplatz, und nach steilem Gleitfluge setzte die Taube leicht und sicher auf dem Platze auf.

In der ersten Freude wäre ich meinem Beobachter am liebsten um den Hals gefallen. Der gute Kerl hatte ja gar nicht geahnt, in welcher Gefahr wir uns befunden hatten, und war höchst erstaunt, als ich ihm davon erzählte. Noch jetzt, wo ich wirklich weiß, was Fliegen heißt, überläuft es mich kalt, wenn ich an diesen ersten Überlandflug denke! Der Versager war bald festgestellt. Der untere Teil des einen Vergasers war abgebrochen, und das Benzin floß durch die Bruchstelle ab, so oft durch die Erschütterungen des Motors der Riß erweitert wurde. Daher auch das schnelle Fallen des Benzins und der ungleiche Gang des Motors. Daß kein Vergaserbrand entstand, ist mir heute noch ein Rätsel.

Nachdem wir drei Tage bei liebsten Freunden in Bremen zugebracht hatten, kam endlich der neue Vergaser in Hamburg an. Nun wollten wir weiter.

Nächstes Ziel: Schwerin in Mecklenburg.

An einem regnerischen, stürmischen Nachmittage setzte ich mich in meine vollbeladene Maschine. Ein Zug am Hebel, und mit Vollgas schwirrten wir los.

Heutzutage würde ich bei solchem Wetter nur fliegen, wenn es unbedingt nötig wäre. Damals besaß ich aber die Naivität und vor allen Dingen die Begeisterung eines jungen Fliegers. Das Glück im Unglück ließ auch nicht lange auf sich warten. Das schwergeladene Flugzeug wollte nicht hoch, die Böen warfen es hin und her wie einen Spielball, und ich wäre gerne umgedreht. Aber daran war bei der geringen Höhe nicht zu denken. Nun kamen auch schon die ersten Häuser von Hamburg. Darüber hinwegzukommen unmöglich! Ich war sechzig Meter hoch, unter mir sah ich ein kleines Feld. Also kurz entschlossen: Gas weg! Landen! Im selben Augenblick faßte mich eine Fallbö, ich fühlte, wie das Flugzeug unter mir weggezogen wurde, und da ich dachte: Jetzt zerschellst du auf dem Boden, gab ich Vollgas und riß das Höhensteuer hoch, um den Anprall abzuschwächen. Aber im selben Moment fühle ich einen Ruck unter mir, und die Maschine stellte sich steil auf den Kopf, als wenn eine unsichtbare Hand das Fahrgestell festgehalten hätte.

Das Folgende war nur noch ein Werk von Bruchteilen von Sekunden. Ich riß an meinem Höhensteuer, nahm Gas weg, und schon erhielt ich einen schweren, harten Stoß. Krampfhaft hielt ich mein Steuerrad fest und flog mit meinem Kopf hart gegen die Karosserie.

Totenstille um mich herum.

Tiefe Finsternis und furchtbares Schweigen. Durch einen Strom beißender Flüssigkeit, der über mein Gesicht herabfloß, kam ich wieder zu mir.

Mit den Beinen nach oben, den Körper zusammengepreßt und das Gesicht gegen meine Brust gedrückt, lag ich still da. Da durchzuckte es mich:

Du bist ja abgestürzt, das Flugzeug kann jeden Moment anfangen zu brennen, und du bist mit deinem Beobachter verloren! Tastend suchte ich in meiner zusammengequetschten Stellung nach dem Zündhebel und war froh, ihn endlich gefunden und die Zündung ausgeschaltet zu haben. Dann kam langsam das Bewußtsein der Wirklichkeit zu mir zurück, und ich dachte an meinen armen Beobachter. Der saß ja vorne, hatte den ersten Anprall abzuhalten und mußte bereits zerquetscht sein, wenn die Karosserie den Stoß nicht ausgehalten hatte. Als sich vorn nichts rührte, fragte ich endlich mit gepreßter Stimme, denn ich war so zusammengequetscht, daß ich kaum noch Luft bekam: „Strehlchen, leben Sie noch?"

Pause, entsetzliche Stille.

Auf meine zweite Frage vernahm ich dann:

„Ja! Was ist eigentlich los? Hier ist es so dunkel, ich glaube, es muß etwas passiert sein."

Oh, wie frohlockte ich da. Ich schrie förmlich vor Vergnügen: „Strehlchen, Mensch, Sie sind ja am Leben, das ist die Hauptsache! Sind Ihre Knochen eigentlich noch heil?" Der gute lange Kerl war in dem kleinen Raum schrecklich zusammengequetscht, und ich hörte nur noch sein: „Ja, ich weiß nicht, das wird sich hoffentlich später feststellen lassen."

Dann war es wieder still. Das Benzin floß noch aus dem mit hundertsiebzig Litern gefüllten Tank in Strömen aus, und nach einer Zeit, die mir die Ewigkeit dünkte, klopfte jemand draußen an, und von weither erklang eine Stimme:

„Na, lebt da noch jemand drin?"

„Und ob," rief ich, „nun man dalli, sonst ersticken wir hier noch drin."

An dem Flugzeugrumpf wurde gehoben. Ich hörte mit Spaten graben, und endlich drang frische Luft zu uns herein.

„Halt," rief Strehle, „anderen Weg anlüften, ihr brecht meinen Arm ab!"

Die Helfer versuchten es von der anderen Seite, und endlich wurde mir mein Sitz abgelüftet und ich lag frei und weich auf einem wunderbar duftenden Mistbeet. Da kroch auch schon der lange Strehle hervor, und nicht oft habe ich einem Menschen so glücklich die Hand geschüttelt wie diesem treuen Begleiter.

Donnerwetter! Sah das böse aus. Die Maschine vollkommen überschlagen, ungefähr ein Meter tief in den weichen

Düngerhaufen hineingebohrt. Der Rumpf dreimal gebrochen, die Tragflächen nur noch ein Knäuel von Holz, Leinwand und Drähten.

Und diesen Absturz hatten zwei Menschen heil und glücklich überstanden!

Strehle hatte sich nur das Rückgrat etwas verstaucht und ich mir zwei Rippen gebrochen. Das war alles. Nie in meinem Leben schimpfe ich wieder über einen Misthaufen. Möge ihm und seinen Nachfolgern ewiges Gedeihen beschieden sein!

Traurig und etwas hinkend legten wir den Rest der Abschiedsreise per Bahn zurück.

Aber dann kamen Tage voll Sonnenschein und Licht, voller Wärme und Glückseligkeit und voller Blumen, wunderbarster Blumen in unerhörtester Schönheit und Fülle.

Und dann kam die Pflicht, und die Fahrt begann.

Herrliche Tage in Tsingtau

Tagelang ging's in der Eisenbahn durch Rußlands Steppen und Wüsten hindurch der Bestimmung, dem fernen Osten, entgegen. Endlich Mukden!

Peking war bald vorüber... Tsinanfou!

Die ersten deutschen Laute klangen mir entgegen, dann kamen die letzten zehn Stunden der Eisenbahnfahrt durch wunderbares blühendes Ackerland voller Gärten, Felder und Blumen, und endlich lief der Zug langsam auf dem Hauptbahnhof von Tsingtau ein.

Tsingtau sah ich nun nach sechs Jahren wieder!

Nun war ich wieder auf deutschem Grund und Boden, in einer deutschen Stadt im fernen Osten.

Meine Kameraden holten mich ab. Unter schnellem Trippel-Trappel zogen mich die kleinen mongolischen Steppenpferdchen der neuen Heimat zu.

Zuerst ging es auf den Iltisplatz, welcher unsere Rennbahn war und gleichzeitig mein Flugplatz werden sollte. Festlich prangte der Ort, und ganz Tsingtau war hier versammelt. In der Mitte der weiten Rasenfläche hatte sich ein ungeheurer Kreis von Zuschauern gebildet, welche den Fußballplatz umgaben. Heute war Festtag, und ein großes Fußballwettspiel wurde zwischen den deutschen Matrosen und ihren englischen Kameraden vom englischen Flaggschiff „Good Hope" ausgetragen.

„Good Hope" weilte zu Besuch in Tsingtau. Es wurde ein glänzendes Spiel und endete 1:1.

Wer hätte das damals geahnt! Knapp sechs Monate später traten sich dieselben Gegner gegenüber, aber dann war es ernstes, furchtbares Spiel, bei dem es nur Siegen oder Sterben gab. Es war bei der Seeschlacht von Coronel, in der die deutschen Blaujacken in siebenundzwanzig Minuten das englische Flaggschiff „Good Hope" in die furchtbare Tiefe des Stillen Ozeans hinabsandten.

Heute wußte noch keiner etwas von den kommenden Ereignissen, und froh bewegt und in bester Kameradschaft vereint nahmen die deutschen Matrosen ihre englischen Gäste mit nach Hause. Zwei Tage später lief das englische Geschwader aus, kurz hinterher unser Kreuzergeschwader unter der Führung des Admirals Grafen von Spee.

Und lustig flatterten die Flaggen im Winde, die das Signal der beiden Geschwaderchefs überbrachten, welches lautete: „Leben Sie wohl, auf Wiedersehen!"

Wer ahnte es: Bei Coronel sollte es geschehen.

Gleich nach meiner Ankunft und nachdem die dienstlichen Meldungen erledigt waren, sah ich mich nach meinem Flugzeug um und hoffte schon in den nächsten Tagen den erstaunten Tsingtauern meinen Riesenvogel vorführen zu können. Aber Mahlzeit! Ruhig konnte ich wieder einige Wochen warten, denn mein Flugzeug schwamm noch quietschfidel um Indien herum, und der Dampfer wurde erst im Juli erwartet.

Na, denn nicht, liebe Tante, sagte ich und hatte nunmehr vollauf Zeit, mich in Tsingtau umzusehen und mir eine Wohnung zu suchen. Eine entzückende kleine Villa war bei meinem Flugplatze gerade frei, und schleunigst wurde diese gemietet, und ich bezog dieses entzückende Heim mit meinem neuen Kameraden Patzig.

Alles, um mich wirklich glücklich zu fühlen, war vorhanden. Mein schönes Kommando, das Landkommando der Marine; ich war in Tsingtau, dem Paradiese auf Erden, meine dienstliche Tätigkeit war die schönste, die ich mir wünschen konnte, und dabei diese entzückende Villa, hoch auf einer Anhöhe gelegen, mit wunderbarer Aussicht auf den Iltisplatz und das weite tiefblaue Meer. Außerdem gehörte ich zur berittenen Truppe, drei wunderbare Jahre lagen vor mir. Wer sollte glücklicher und zufriedener sein als ich?

Jetzt ging's an die Inneneinrichtung der Wohnung. Ich hatte eine ganze Anzahl Bilder über Wohnungseinrichtungen aus der „Kunst", und mit diesen zog ich zu unserem tüchtigen Chinesentischler und bestellte danach eine Einrichtung. Es ist geradezu erstaunlich, mit welcher fabelhaften Geschicklichkeit die Chinesen alles nachmachen können, und dabei in unglaublich kurzer Zeit und ganz besonders billig. Als vier Wochen später alles angelangt war, die Möbel an dem richtigen Platz standen und das Haus von oben bis unten glänzte und leuchtete, da zogen wir frischgebackenen „Villenbewohner“ stolz und freudig in unser neues Heim. Nichts fehlte. Und besonders war auch das erforderliche Dienstpersonal vorhanden. Damit der Europäer im fernen Osten Ansehen vor den Chinesen gewinnt, muß er sich mit viel chinesischem Dienstpersonal umgeben, und es ist fast eine moralische Pflicht jedes Europäers, dies zu tun.

Moritz, der Koch, in seinem schönen blauseidenen Ischang; Fritz, der Mafu (Pferdeknecht), stets grinsend, dafür aber um das Wohl der Pferde sehr bedacht; Max, der Gärtner, faul wie die Sünde, und endlich August, der freche kleine Laufjunge, bildeten das Heer unserer dienstbaren Geister.

Dazu kamen „Herr“ Dorsch und „Herr“ Simon.

Diese beiden „Herren“ waren unsere Burschen, die von der Sitte des fernen Ostens, daß der Europäer im Beisein der Chinesen nicht körperlich arbeiten darf, redlich Gebrauch machten.

Ein großer Garten umgab unser Haus, in dem sich auch noch der Pferdestall mit Wagenremise, Autogarage und Chinesenwohnungen befanden. Das Wichtigste aber war: mein Hühnerstall. Schon zwei Tage nach meiner Ankunft hatte ich mir eine Bruthenne gekauft, ihr ein Dutzend Eier untergelegt, und als wir die Wohnung bezogen, hatte ich bereits sieben lebendigen Küken das Leben geschenkt.

Geflügel ist billig in China. Das Huhn kostet zehn Pfennig, eine Ente oder Gans eine Mark, und so hatte ich auch bald einen Geflügelhof von fünfzig Tieren zusammen.

Ja, richtig, ich war ja „Reiter“ geworden! Also ein Pferd beschaffen! Einer der Kameraden hatte einen entzückenden kleinen Fuchs. Wir wurden handelseinig, und bald darauf stand „Fips“ in meinem Stall. „Fips“ war ein entzückendes

Tier, gutes Dienstpferd, dabei tadellos für Jagdreiten und Polospielen. Aber Wamse bekommt er doch, wenn ich ihn mal wiedersehen sollte; denn während der Belagerung ließ der Lümmel mich am Tage vor der Einschließung einfach im Stich, als ich ins Vorgelände geritten war. Da einige Schrapnells in seiner Nähe krepierten, riß er sich los und lief zum Feinde über.

Das ganze Leben in Ostasien ist für den Europäer recht eintönig. Wenig Geselligkeit, keinerlei Theater, keine Musik, nichts von alledem, das man so ungern vermißt. Die einzige Erholung und der einzige Trost sind eben, daß man etwas besser lebt wie unter den gleichen Verhältnissen zu Hause, und der Pferdesport. In Tsingtau blühte letzterer ganz besonders.

Mit Begeisterung widmete ich mich dem Poloreiten, und nachdem ich mich einigermaßen an die ungewohnten Schlinger- und Stampfbewegungen meines Pferdes gewöhnt hatte, ging die Kiste herrlich.

Mitte Juli wurde endlich meine Sehnsucht gestillt. „Der" Dampfer war da und hatte die Flugzeuge mitgebracht. Kaum standen die riesigen Kisten auf dem Kai, als ich auch schon mit meinen Leuten dabei war und die armen Vögel, die zum Fluge durch Luft und Sonne geboren waren, aus ihren dunkeln Gefängnissen befreite, in denen sie monatelang gesessen hatten. Da die Kisten zu schwer waren, mußten die Flugzeuge an Ort und Stelle ausgepackt werden. Hei! Das Hallo unter den chinesischen Gaffern. Als alles schön ausgepackt war, wurde der Triumphzug geordnet. Erst kamen die beiden Flugzeuge, dann kamen drei Wagen mit den Tragflächen und dann zwei Wagen mit den Zubehörteilen. Die Pferde zogen an, und stolz durchfuhren wir Tsingtau und zogen im Triumphe in die Flughalle auf dem Iltisplatz ein.

Nun gab es keine Ruhe mehr. Tag und Nacht arbeiteten wir am Zusammensetzen und Verspannen, und zwei Tage später, ganz in der Frühe, als noch kein Mensch es ahnte, stand mein Flugzeug klar am Startplatz, und als die Sonne aufging, gab ich Vollgas und schoß in die wunderbare reine Seeluft hinaus.

Den ersten Flug in Tsingtau werde ich nie vergessen. Der Flugplatz war außerordentlich klein, nur sechshundert Meter lang und zweihundert Meter breit, voll von Hindernissen und rings umgeben von Hügeln und Felsen. Wie klein der Platz aber wirklich war und wie ungeheuer schwer zum Starten und Landen, das sollte ich bald noch zur Genüge erfahren. Mein Freund Clobuczar, ein früherer österreichischer Fliegeroffizier, der jetzt auf der „Kaiserin Elisabeth" war, sagte mir mal: „Ein Flugplatz soll das hier sein? Höchstens ein Kinderspielplatz! In meinem ganzen Leben habe ich noch nicht gesehen, daß ein Mensch in einem solchen Platze fliegen soll." Mir ging's ähnlich so. Und ich würde mir in Deutschland ein solches Plätzchen höchstens mal als Notlandungsplatz aussuchen.

Aber zu machen war nichts. Es war dies der einzige Platz im ganzen Schutzgebiete, alles andere war wild zerklüftetes Gebirge, durchzogen von tiefen Ravinen. Doch an diesem wunderbar sonnigen Morgen kümmerte ich mich nicht darum, und froh bewegt zog ich über Tsingtau meine Kreise und scheuchte durch das Gebrumm meines Propellers die gänzlich überraschten Tsingtauer aus ihrem Schlafe. Als ich zum Landen schritt, wurde mir doch ein bißchen komisch zumute! Donnerwetter, war der Platz klein! Und unwillkürlich drehte ich immer länger meine Kreise und verschob immer wieder den kommenden kritischen Moment der Landung.

Doch ewig oben bleiben konnte ich ja nicht. Und endlich gab ich mir einen Ruck, nahm Gas weg und stand einen Augenblick später nach einer tadellosen Ziellandung auf meinem Platz. Nun war ich meiner Sache sicher. Und den ganzen Morgen bin ich kaum aus meinem Flugzeug herausgekommen.

Jetzt ging's aber wieder an die Arbeit. Das zweite Flugzeug, auch eine Rumplertaube, welches von meinem Kameraden vom Seebataillon, Leutnant Müllerskowski, geflogen werden sollte, mußte zusammengebaut und verspannt werden. Nach zwei Tagen, am einunddreißigsten Juli Neunzehnhundertvierzehn, nachmittags war alles in Ordnung.

Müllerskowski stieg in sein Flugzeug, und nachdem ich ihm einige Erfahrungen, die ich mit diesem Flugplatz nun schon gemacht, mitgegeben hatte, zog er Vollgas und schwirrte los.

Das Glück blieb meinem Kameraden nicht hold.

Sein Flugzeug war eben einige Sekunden in der Luft und befand sich zirka fünfzig Meter hoch gerade an der kritischen Stelle, wo Flugplatz und gleichzeitig das Land endet und mit steilen Felsen ins Meer abfällt, als es sich plötzlich zur Seite neigte und wir mit Schrecken sehen konnten, wie es in sausender Fahrt mit dem Kopf vorneweg in die Felsen hineinstürzte.

So schnell wir es vermochten, liefen wir zur Unfallstelle. Da sah es bös aus. Das Flugzeug war vollständig zertrümmert, und zwischen diesen Trümmern lag Müllerskowski. Schwer verletzt brachten wir ihn ins Lazarett, wo er bis kurz vor Ende der Belagerung liegenbleiben mußte. Das Flugzeug war vernichtet.

Inzwischen hatte sich auch in Tsingtau manches zugetragen. Der Juli mit all seiner Schönheit und Pracht, mit wunderbarstem Sonnenschein und tiefblauem Himmel war ins Land gezogen. Es ist der schönste Monat für Tsingtau.

Das Badeleben stand in vollster Blüte; es waren besonders viele und nette Fremde, in erster Linie Damen, aus den europäischen und amerikanischen Niederlassungen Chinas und Japans herbeigeströmt, um sich an Tsingtaus Schönheit zu erfreuen und in dem „Ostende des fernen Ostens“ das Badeleben zu genießen.

Es war eine ganz herrliche Stimmung. Auto- und Reitpartien, Polospiel und Tennis füllten die dienstfreien Stunden aus, und besonders schön waren abends die Reunions, bei denen Terpsichore voll zu Ehren kam.

Wie auch in den früheren Jahren, waren die Engländerinnen unter den Gästen am stärksten vertreten, und bald entwickelte sich ein reizender Verkehr.

Anfang August sollte ein Polowettspiel stattfinden, zu dem wir als Gegenspieler den englischen Poloklub in Schanghai eingeladen hatten.

Da, am dreißigsten Juli, traf wie ein Blitz aus heiterem Himmel der Befehl der „Sicherung“ in Tsingtau ein!

Kriegsalarm – Meine Taube

Ich weiß es noch wie heute.

In aller Frühe kam ein Ordonnanz in unsere Villa und überbrachte Patzig und mir den Befehl, umgehend zum Abteilungskommandeur zu kommen, es wäre Sicherung befohlen. Wir dachten natürlich, es sei nur eine Übung, und redlich brummend ob der Störung der Morgenruhe begaben wir uns an den befohlenen Ort. Hier erhielten wir die Bestätigung der kaum faßbaren Kunde. Und im Inneren fest daran zweifelnd, daß es Krieg geben würde, eilten wir auf unsere Gefechtsstationen und begannen mit den notwendigen Arbeiten.

Der Befehl: „Drohende Kriegsgefahr!", der am nächsten Tage eintraf, brachte endlich Gewißheit.

Und dann kam der erste August, die Mobilmachung wurde befohlen. Der zweite August brachte die Kriegserklärung gegen Rußland und der dritte die gegen Frankreich.

Diese Tage zu beschreiben, ist kaum möglich.

Man stelle sich bloß vor: Hier war deutsche Kolonie, deutsche Festung, der größte Teil der Tsingtauer waren Offiziere und Soldaten. Dabei war Tsingtau aber in seinem äußeren Gepräge international geworden. Russen, Franzosen und Engländer befanden sich als Gäste mitten unter uns. Es war ein Gegeneinanderwogen von Meinungen und Gefühlen, ein Zustand, wie er wohl kaum wo anders auf der Welt angetroffen werden konnte.

Die Hauptfrage, ich möchte sagen, die Frage, die uns alle beschäftigte, war: Gibt es Krieg mit England?

Nur der; der im fernen Osten gelebt hat, wird ermessen können, was diese Frage bedeutete.

Am zweiten August wurde gerade unser Angebot an England bekannt, ich ritt am selben Tage mit einer englischen Dame spazieren, und es war nur selbstverständlich, daß dieses Thema unsern Hauptgesprächsstoff bildete.

Die Ansicht meiner Begleiterin deckte sich mit der all ihrer Freunde und Freundinnen, daß ein Krieg zwischen England und Deutschland undenkbar wäre, sonst würde auch besonders im fernen Osten das Prestige der weißen Rasse vorüber sein und der gelbe Japs lachend die Früchte unserer Zwietracht einheimsen können.

Auch uns Deutsche beschäftigte selbstverständlich nur dieser eine Gedanke, und besonders bei uns Seeoffizieren war von nichts anderem mehr die Rede. Eine Spannung, schlimmer als vor und während der ersten Mobilmachungstage, beherrschte uns. Und wie eine Erlösung kam für uns alle am vierten August die Nachricht:

Der Krieg gegen England ist erklärt!

Nun waren also in Europa die Würfel gefallen.

Daß wir alle uns sehr glücklich fühlten, kann ich nicht behaupten. Ganz im Gegenteil. Immer und immer wieder sagten wir uns: „Nun sitzen wir hier in dem fernen Tsingtau, zu Hause da sind unsere Brüder, unsere Kameraden; die Glücklichen dürfen die wunderbaren Tage der Mobilmachung miterleben, sie dürfen ausziehen gegen eine Welt von Feinden, sie dürfen unser heiliges, geliebtes Vaterland, dürfen Weib und Kind verteidigen, und wir Armen sitzen hier und können nicht helfen!"

Schon der Gedanke, wie es in diesen Tagen zu Hause aussähe, konnte uns rasend machen. Denn das wußten wir: Die Engländer, Russen und Franzosen, die uns hier draußen an Zahl weit überlegen waren, würden nicht den Mut finden, uns hier anzugreifen.

Und doch hatten wir immer wieder den einen Funken von Hoffnung: Sie kommen doch noch!

Ach, wie hätten wir die empfangen!

An Japan dachte selbstverstandlich niemand!

In all der Arbeit der Mobilmachungstage wurden unsere Gäste nicht vergessen. Sie waren zwar fast alle unsere Feinde, aber sie blieben unsere Gäste.

Die Aufregung unter ihnen ist wohl begreiflich. Vor allen Dingen, da bereits Nachrichten über die geradezu bestialische Behandlung der Deutschen durch die Engländer in den englischen Kolonien zu uns kamen.

Daß unser Verkehr mit den Fremden abgebrochen wurde, war selbstverständlich, aber ebenso selbstverständlich war auch, und das möchte ich an dieser Stelle ganz besonders den Engländern gegenüber hervorheben, daß die vielen Angehörigen der feindlichen Staaten mit einer Rücksicht behandelt wurden, wie es eben nur bei uns „Barbaren" möglich war.

Den Fremden wurde bekanntgegeben, daß sie sich nach Belieben weiter in Tsingtau aufhalten oder aber abfahren könnten, ohne irgendwelchen Zwang, und daß das Gouvernement es rechtzeitig ankündigen würde, wenn alle Fremden die Kolonie räumen müßten. Verlangt wurde nur, daß keiner das Stadtgebiet verließe und niemand sich mehr den Befestigungen näherte oder Spionage triebe.

Man halte sich hiergegen das Benehmen unserer lieben Vettern in Hongkong und in so vielen anderen Orten der Welt vor Augen!

Die, die es miterlebt haben, könnten Bände darüber schreiben. Ein Trost war für uns: Wir erhielten täglich drahtlose Nachrichten von Hause !

Den Jubel und die Freude kann man sich kaum vorstellen, die wir beim Eintreffen der Nachrichten empfanden. Meist kamen die Telegramme abends, und wir Offiziere saßen zusammen in unserem kleinen Kasino, selbstverständlich von nichts anderem als vom Kriege sprechend. Und wenn die herrlichen Siegesnachrichten eintrafen, dann war ein Jubel ohnegleichen, aber doch empfanden wir dabei eine ganz unendliche Traurigkeit, denn:

Wir konnten nicht dabei sein!

Dann kam der fünfzehnte August, und wir hielten eine Nachricht von solcher Ungeheuerlichkeit in der Hand, daß wir an der Wahrheit des Gelesenen zweifelten.

Die Ankündigung war folgende:

Extrablatt

„Wir betrachten es als äußerst wichtig und notwendig, in der jetzigen Lage Maßnahmen zu treffen, um die Ursachen aller Störungen des Friedens im fernen Osten zu beseitigen und die allgemeinen Interessen zu schützen, die im englisch-japanischen Allianzvertrag festgelegt sind, mit dem Zweck, festen und dauernden Frieden in Ostasien zu sichern. Dieser Zweck ist die Grundlage des Übereinkommens. Die kaiserlich japanische Regierung glaubt, daß es ihre Pflicht ist, der kaiserlich deutschen Regierung zu raten, die folgenden Vorschläge anzunehmen:

Erstens, die deutschen Kriegsschiffe sofort von den japanischen und chinesischen Gewässern zurückzuziehen, ebenso die bewaffneten Schiffe aller Art und diejenigen Schiffe, die nicht sofort zurückgezogen werden können, zu entwaffnen.

Zweitens, das ganze Pachtgebiet von Kiautschou alsbald, nicht später als am fünfzehnten September, den kaiserlich japanischen Behörden ohne Bedingung und ohne Entschädigung zu übergeben, mit der Aussicht auf eventuelle Rückgabe an China.

Die kaiserlich japanische Regierung kündigt zugleich an, daß, im Falle sie bis zum dreiundzwanzigsten August Neunzehnhundertvierzehn keine Antwort von der kaiserlich deutschen Regierung erhalte, in der sie die unbedingte Annahme der Vorschläge übermittelt, die japanische Regierung gezwungen sein wird, ihre Maßnahmen zu treffen, die sie in Anbetracht der Lage für notwendig erachtet."

Darunter stand von unserem Gouverneur geschrieben:

„Es ist selbstverständlich, daß wir niemals darauf eingehen können, Tsingtau an Japan ohne Schwertstreich auszuliefern. Nach der ganzen Frivolität der japanischen Forderung kann man sich schon vorher sagen, welche Antwort allein darauf erfolgen wird. Das aber bedeutet natürlich, daß wir mit Ablauf der für die Beantwortung gesetzten Frist auf die Eröffnung der Feindseligkeiten rechnen müssen, und das wird natürlich ein Kampf bis zum Äußersten sein.

Angesichts des Ernstes der Lage darf jetzt selbstverständlich mit der Fortschaffung von Frauen und Kindern keinen Augenblick länger gezögert werden, das Gouvernement wird deshalb heute, Freitag vormittag, auch noch einen Dampfer nach Tientsin abgehen lassen, der bereits für die Aufnahme von rund sechshundert Personen vorbereitet ist. Es ist dringend zu raten, daß von diesen Gelegenheiten, die Züge der Schantungbahn verkehren ja auch weiter, nun auch von allen Gebrauch gemacht wird, die nicht hierbleiben wollen.

Tsingtau macht klar zum Gefecht !“

Nun wußten wir, woran wir waren!

Über die Art und Schwere des Kampfes und über seine Aussichten waren wir uns klar, aber wohl nie ist freudiger und unermüdlicher gearbeitet worden. Eine Titanenarbeit wurde in diesen Wochen vollbracht. Und vom ältesten Offizier bis zum jüngsten fünfzehnjährigen kriegsfreiwilligen Automobilfahrer setzte jeder sein ganzes Können und sein ganzes Denken, seine ganze Vaterlandsliebe darein, Tsingtau in den Verteidigungszustand zu setzen.

Ich selber hatte bereits besonderes Pech gehabt. Drei Tage nachdem Müllerskowski abgestürzt war, startete ich bei herrlichstem Sonnenschein zu meinem ersten großen Erkundungsfluge und kehrte, nachdem ich das ganze Schutzgebiet und Hunderte von Kilometern darüber hinaus aufgeklärt hatte, froh der getanen Arbeit, nach Tsingtau zurück.

Ich war tausendfünfhundert Meter hoch, und die Landung war infolge der Luftverhältnisse ganz besonders schwierig. Als ich mitten über dem Platze in ungefähr hundert Meter Höhe noch mal Vollgas gab, um die letzte Runde zu fliegen und dann gegen den Wind zu landen, sprang der Motor eine Sekunde lang wieder voll an, fing aber im selben Moment an zu spucken und versagte ganz. Nur Sekunden brauchte ich, um meine Apparate nachzusehen, aber die genügten, daß die Maschine bereits so tief war, daß an ein Landen auf dem Platze nicht mehr zu denken war.

Auch nach rechts oder links konnte ich nicht abdrehen. Rechts war das Poloklubhaus und ein tiefer Graben, links das Strandhotel und die Villen.

Daß nichts mehr zu machen war, wußte ich, und nur eins dachte ich: Halte den Motor heil!

Vor mir war ein kleines Wäldchen, und da hinauf hoffte ich die Maschine noch setzen zu können. Ich zog das Höhensteuer, aber in der heißen, dünnen Tropenluft sackte die Maschine wie ein Klotz schwer durch. Ich kam mit dem Kopf gerade noch an Telegraphendrähten klar, dann zog ich die Knie an und stützte unwillkürlich die Füße nach vorn ab, und schon gab es einen mächtigen Stoß, ich hörte Krachen und Splittern um mich herum und flog mit Kopf und Knien recht unsanft gegen den Benzintank. Dann war es still.

Und als ich mich, selber heil und gesund, im Kreise herumsah, da lag meine Taube mit der Nase im Straßengraben, streckte das Schwänzchen hoch in die Luft, und die Flügel und das Fahrgestell bildeten ein Knäuel von zerbrochenen Holzstreben, Leinwand und Drähten.

Ach, mein armes Täubchen! Ausgerechnet am dritten Tage der Mobilmachung ließ es mich im Stich. Mir war ganz unsäglich hoffnungslos zumute. Ohne jedoch den Mut ganz sinken zu lassen, schaffte ich die Trümmer in den Schuppen. Ich hatte ja noch Reservepropeller und Reservetragflächen von Hause mitbekommen.

Wenn nur der Motor heil geblieben war! Ersatzteile für diesen besaß ich nicht, und sie wären auch beim besten Willen nicht herbeizuschaffen gewesen.

Voller Hoffnung ging ich an die Reservekisten und öffnete zuerst die, worin die Tragflächen lagen. Aber o Schreck! Ein widerlicher Moderduft schlug mir entgegen, und Böses ahnend öffneten wir den inneren Zinkeinsatz.

Der Anblick, der sich uns bot, war geradezu fürchterlich. In der Kiste befand sich nur ein Haufen von moderndem Gerümpel. Die ganze Bespannung der Tragflächen war verfault. Die einzelnen Rippen und Spanten und die Holzklötzchen, die vorher tadellos geleimt und bewickelt waren, lagen regellos durcheinander, und alles war von einer dicken Schimmelschicht bezogen.

Ein trauriger Anblick!

Nun wurde die Propellerkiste geöffnet. Da drinnen sah es ähnlich aus. Die fünf mitgenommenen Reservepropeller hatten sich ebenfalls in Wohlgefallen aufgelöst oder sich so stark verzogen, daß sie nicht mehr zu gebrauchen waren. Wenn zu Hause der Propeller mehr als vier bis fünf Millimeter an den Spitzen ausschlägt, denkt kein Mensch daran, ihn so zu fliegen. Meine schlugen bis zu zwanzig Zentimeter aus! Nun war guter Rat teuer.

Aber unverzagt ging mein hervorragender Monteur, der Obermaschinistenmaat Stüben, an die Arbeit, und am selben Nachmittage saß ich mit Stüben und meinen beiden Heizern Frinks und Scholl und noch acht Chinesen von der Werfttischlerei an der Arbeit und baute die vermoderten Flügel wieder zusammen.

Dann ging ich mit meinem am wenigsten verbogenen Propeller zur Werft, und hier half mir der treffliche Modelltischler R. aus meiner Not und ließ unter seiner Anleitung von den Chinesen einen neuen Propeller bauen.

Das war geradezu eine Glanzleistung.

Man stelle sich folgendes vor:

Sieben Eichenbohlen wurden mit gewöhnlichem Tischlerleim zusammengeleimt. Dann gingen zwei Chinesen mit Äxten her und schlugen nach Lehren, die der Modelltischler angefertigt hatte, mit den Äxten aus dem Bohlenklumpen einen tadellosen Propeller aus. Die Arbeit war, obwohl mit der Hand ausgeführt, so genau und sorgfältig, wie sie nur von Chinesen geleistet werden kann.

Mit diesem Propeller habe ich dann meine sämtlichen Flüge während der Belagerung von Tsingtau ausgeführt!

Auch wir im Schuppen waren nicht untätig geblieben. Tag und Nacht arbeiteten wir mit äußerster Anspannung, und bereits am neunten Tage nach meinem Absturz stand frühmorgens bei Sonnenaufgang mein Täubchen an der Startstelle klar zum Probeflug.

Es ist wohl begreiflich, wenn mir vor diesem Fluge meine Aussichten nicht im rosigsten Lichte erschienen.

Meine Tragflächen hatte ich aus einem vermoderten Haufen wieder zurechtgebaut. Verspannen mußten wir sie, da wir nirgends eine ebene Fläche hatten, so gut es ging; der Propeller war, wie oben beschrieben, entstanden und machte über hundert Umdrehungen zu wenig. Dabei waren die Flugplatzverhältnisse so überaus ungünstig und schwierig, daß bei jedem Start nur ein sofortiges Gelingen oder ein unweigerliches Abstürzen in Frage kam.

An all das durfte ich nicht denken. Es war Krieg, ich war der einzige Flieger, und meine Aufgabe mußte ich erfüllen. Und ich hatte Glück!

Alles irgendwie Entbehrliche hatte ich zur Erleichterung aus dem Flugzeug herausgerissen, und anfangs etwas unwillig meiner Faust gehorchend erhob sich mein großer Vogel doch in die Luft, und bald hatte ich ihn wieder vollkommen in meiner Gewalt. Da zog ich denn wieder froh meine Kreise, und stolz warf ich vor dem Hause unseres Gouverneurs die Meldung ab: „Flugzeug ist wieder klar!"

Und dann begannen meine großen Aufklärungsflüge. Das ganze Schutzgebiet durchkreuzte ich, und weit, weit draußen, Hunderte von Kilometern vom Schutzgebiet entfernt, überflog ich das weite Land und bewachte die Anmarschstraßen und flog längs der wild zerklüfteten Küste und schaute aus, ob nicht irgendwo der Feind sich näherte oder landete.

Es waren mit die schönsten Flüge meines Lebens.

Die Luft war so klar und durchsichtig, der Himmel so wunderbar blau und schön, und die Sonne strahlte mit so inniger Liebe auf das herrliche Land, auf die wild zerklüfteten hohen Gebirge und auf das alles einrahmende tief-, tiefblaue Meer herab. Das waren Stunden hinreißendster, erhabenster Schönheit, die ich überquellenden Herzens und mit nach Schönheit lechzender Seele genoß.

Aber die Sorgen blieben nicht aus. Bereits nach dem zweiten Aufklärungsfluge stellte sich heraus, daß die Leimfugen des Propellers auseinandergespalten waren und daß der Propeller nur wie durch ein Wunder nicht auseinandergerissen war. Nun mußte er abmontiert und wieder frisch geleimt werden. Dieses Schauspiel hat sich von nun ab nach jedem Fluge wiederholt. Sobald ich zurück war, wurde „der" Propeller abgenommen, ich fuhr mit meinem Autor zur Werft, dort wurde er schnell geleimt, in eine Presse geschraubt, und spät abends holte ich ihn wieder ab, setzte ihn auf, und dann ging's damit am nächsten Tage wieder los.

Und als der Propeller immer wieder aufplatzte, da beklebte ich seine ganze Eintrittskante mit Bespannungsstoff und Heftpflaster, und da hielt wenigstens diese Kante einigermaßen!

In Tsingtau hatte ich auch noch einen zweiten Dienstzweig zu versehen, und zwar war ich Führer der Fesselballonanlage, meiner „aufgeblasenen" Konkurrenz.

Vor meiner Ausreise hatte ich in Berlin einen Luftschifferkursus durchgemacht, bestehend aus einer Freiballonfahrt und etwas Exerzieren am Fesselballon nebst Ballonflicken.

Die gesamte, vollständig neue Fesselballonanlage in Tsingtau bestand aus zwei je tausend Kubikmeter großen Ballons, einem Ballonsack und allem nötigen Zubehör zum Gaserzeugen und zur Bedienung des Ballons.

Ein Unteroffizier der Marine, der kurze Zeit bei den Luftschiffern ebenfalls zur Ausbildung gewesen war, und ich waren die einzigen, die vom Ballon eine Ahnung hatten. Nachdem wir die ganze neue Anlage ausgepackt und aufgestellt hatten, gingen wir äußerst gewissenhaft und vorsichtig ans Füllen des Ballons. Und wie stolz waren wir, als die erste gelbe Wurst dick und prall, wohlgefesselt dicht über der Erde lag. Dann knüpfte ich mit meinem Unteroffizier persönlich jede einzelne Leine an, und bald darauf hing das gelbe Ungetüm leise hin und her pendelnd am Himmelszelt. Dann wurde es wieder heruntergeholt, und ich kletterte zum ersten Aufstieg allein in den Korb. Beinahe hätte ich schon bei diesem Aufstieg meine verzwickte Reise nach Deutschland antreten können, denn als „Los“ kommandiert wurde, hatte das Haltetau versehentlich reichlich lose gehabt, und mit einem mächtigen Satz sprang der Ballon senkrecht zirka fünfzig Meter in die Luft und ruckte dann mit Macht in das Haltekabel ein. Mich durchzuckte dabei der Gedanke: Jetzt geht er ab! Es gab einen ganz gewaltigen Stoß, und viel hätte nicht gefehlt, so wäre ich aus meiner Gondel herausgeschleudert worden. Da das Drahtseil aber ebenfalls ganz neu war , hielt es gottlob, und ich war um eine Lehre reicher. Dann begann das systematische Ausbilden und Einexerzieren meiner Mannschaft, und bald funktionierte der Laden, als wenn wir von Kind auf Luftschiffer gewesen wären.

Auf den Fesselballon waren vom Gouvernement sehr große Hoffnungen gesetzt worden. Allgemein versprach man sich durch ihn große Hilfe beim Beobachten des heranrückenden Feindes und zur Beobachtung der feindlichen Artillerie. Leider haben sich diese Hoffnungen in keiner Weise erfüllt, und meine Befürchtungen, die ich in bezug auf den Nutzen der Ballonanlage gehabt hatte, bewahrheiteten sich in jeder Beziehung.

Trotzdem ich den Ballon sogar bis auf eintausendzweihundert Meter gebracht hatte, gelang es uns nicht, von ihm aus hinter die unseren befestigten Stellurigen vorgelagerten Höhenzüge zu sehen und damit die Bewegung des Feindes und vor allen Dingen die Stellungen seiner schwere Belagerungsartillerie zu beobachten.

Das aber war wiederum für die Verteidigung Tsingtaus von fundamentalster Bedeutung.

Um dieses und überhanpt die ganze überaus schwierige Lage, in der wir uns in Tsingtau befanden, einigermaßen verständlich zu machen, muß ich folgendes vorausschicken:

Das ganze Schutzgebet Kiautschou liegt auf einer langgestreckten Landzunge, auf deren äußerstem, südwestlichem Zipfelchen wiederum die Stadt Tsingtau liegt. Von drei Seiten vom Meere umschlossen, wird die Stadt im Nordosten durch die halbkreisförmige Hügelkette der Moltke-, Bismarck- und Iltisberge, die sich von Meer zu Meer hinziehen, eingerahmt. In diesen Bergen lagen unsere Hauptbefestigungen eingenistet, und am nordöstlichen Fußrande dieser Kette lagen alle fünf Infanteriewerke mit dem Hauptdrahthindernis. Dann kam ein breites Tal, welches zum Teil vom Haipofluß durchzogen wurde, und daran schlossen sich wiederum halbkreisförmig die ebenfalls von Meer zu Meer sich hinziehenden, für uns kritischen und uns Verderben bringenden Hügelketten des Kuschan, des Taschan, der Waldersee Höhen und der Prinz-Heinrich-Berge, von denen die letzteren eine so wildromantische Form hatten, als wenn sie dem Monde direkt entnommen wären. Hinter diesen Höhen schloß sich wiederum ein breites Tal an, und daran türmten sich die wild zerklüfteten Steinmassen des Lau-Hou-Schan, des Tung-Liu-Schui und des Lauschan zum Himmel empor.

Da uns vor allen Dingen daran lag, zu wissen: was geht im Vorgelände vor? und, als wir vom siebenundzwanzigsten September ab hinter unserem Drahthindernis vollkommen eingeschlossen waren, zu sehen: wo baut der Feind seine Belagerungsartillerie auf?, da wir ferner in unseren Hoffnungen, die wir in dieser Beziehung auf den Fesselballon gesetzt hatten, vollkommen getäuscht wurden, blieben uns zur Erreichung unseres Zieles nur noch: gelegentliche schneidige Erkundungen und – – mein Flugzeug!

Unter unermüdlicher Arbeit gingen die Tage des August dahin. Tsingtau und vor allem das Vorgelände waren kaum wiederzuerkennen. Artillerie- und Verteidigungsstellungen wurden ausgehoben, und was das traurigste war, die entzückenden Wäldchen, die mit so viel Mühe und Liebe angepflanzt waren, der Stolz Tsingtaus, mußten zum Freimachen der Schußfelder unter Beilhieben fallen. Wieviel Kulturarbeit, wieviel unendliche Mühe und Liebe ist da mit einem Schlage vernichtet worden!

Der dreiundzwanzigste August, der Tag des Ablaufs des Ultimatums an Japan, kam heran, und es war wohl selbstverständlich, daß der gelbe Japs überhaupt keiner Antwort gewürdigt wurde. Die Parole an diesem Tage lautete:

„Immer feste druff !“

Das war uns allen aus dem Herzen gesprochen.

Ich weiß noch, wie ich am folgenden Morgen von meinem Balkon aus über das unendliche blaue Meer schaute und in der Entfernung von einigen Seemeilen mehrere schwarze Schatten bemerkte, die sich langsam hin und her bewegten. Durch das Doppelglas konnte ich dann Torpedoboote erkennen. Auch Patzig, der herbeieilte, überzeugte sich davon. Richtig, heute war ja der Vierundzwanzigste. Nun hatte die Bande die Blockade gegen uns eröffnet.

So war es also wirklich wahr: die Japaner wagten es, das Deutsche Reich anzugreifen!

Der Kampf eines gelben Kaiserreiches, unterstützt von einem Häuflein Engländer, gegen ein kriegsstarkes deutsches Regiment hatte begonnen.

Gleich nach Ablauf des Ultimatums rückte ein Trupp von tausend Mann ins Vorgelände ab, um dieses und die Anmarschstraßen auf Tsingtau zu so lange als möglich zu verteidigen. Dieses kleine Häuflein hat seine Aufgabe hervorragend gelöst. Eine Strecke von dreißig Kilometer Breite, dann von zehn Kilometer mit gänzlich ungenügender Artillerieausrüstung war zu verteidigen. Da, wohin zwei Armeekorps gehört hätten, standen nur tausend Mann. In zähem, unerschrockenem Kampf, oft nur Patrouillen ganzen feindlichen Bataillonen gegenüberstehend, wichen sie langsam der zwanzigfachen Übermacht. Erst am achtundzwanzigsten September wurde die tapfere Schar hinter das Haupthindernis zurückgedrängt, welches sich nun für uns bis nach Austoben des Kampfes für immer schloß.

In den ersten Tagen der Belagerung hielten die leitenden Kreise in Tsingtau von dem Nutzen meines Flugzeuges, wie von der ganzen Fliegerei überhaupt, nicht viel.

Nach allem, was sie bis jetzt von uns hier draußen gesehen hatten, war dies ja auch nicht weiter zu verwundern.

Das wurde bald anders!

An einem der ersten Tage der Belagerung überflog ich wiederum die Südküste der Schantunghalbinsel, um nach feindlichen Schiffen und besonders nach feindlichen Truppenlandungen Ausschau zu halten. Die Küste war wie ausgestorben, auch nicht das geringste war zu sehen gewesen. Ganz beruhigt, daß wir von dieser Seite aus sicher waren, flog ich nach Hause zurück. Nur so nebenbei ging ich an diesem Abend noch auf das Gouvernement, um einem Kameraden guten Tag zu sagen. Zufällig traf ich hier mit dem Chef des Stabes zusammen, der große Eile hatte, da er eine wichtige Sitzung beim Gouverneur für einen Augenblick verließ, um sich ein Buch zu holen.

Im Vorbeigehen rief er mir noch zu: „Na, Plüschow, sind Sie wieder mal geflogen?"

„Jawohl," sagte ich, „ich komme eben zurück. Ich habe mehrere Stunden lang die Küste nach feindlichen Truppenlandungen abgesucht, habe aber nichts vom Feinde gesehen."

Ich sehe noch heute das überraschte Gesicht unseres Chefs.

„Was? Die Küste sind Sie abgeflogen, und das sagen Sie erst jetzt? Wir sitzen seit zwei Stunden und beraten, wie wir die großen Truppenlandungen in der Dsin-Dsia-Kou-Bucht, die uns heute durch unsere Kundschafter gemeldet wurden, abwehren können. Und Sie kommen gerade daher und können so einwandfreie Meldung bringen? Nun aber hinein zum Gouverneur, und Ihre Beobachtung gemeldet!"

Mit einigen Worten konnte nun die ganze Beratung erledigt werden. Die Kundschafteraussagen waren selbstverständlich erfunden.

Ich aber war froh: die Ehre und das Ansehen der Fliegerei hatte ich gerettet!

Und nun begann für mich die schwerste, aber auch schönste Fliegerzeit.

Meine Feuertaufe im Flugzeug empfing ich schon bald. Es war in den ersten Tagen des September, als ich weit, weit draußen das Vorgelände abgraste und mich in eintausendfünfhundert Meter Höhe so recht des schönen Sonnenscheinsonntages erfreute. Unter mir gewahrte ich plötzlich eine im Anmarsch befindliche größere japanische Truppenmasse, die mich mit lebhaftem Infanterie- und Maschinengewehrfeuer begrüßte. Mit zehn Schußlöchern in den Tragflächen kehrte ich stolz nach Hause zurück. In Zukunft blieb ich aber immer in zweitausend Meter Höhe, wodurch eventuelle Gewehr- und Maschinengewehrtreffer in meinen Motor und Propeller wesentlich ungefährlicher wurden.

Die Feuertaufe an Land ließ auch nicht lange auf sich warten.

An einem der nächsten Tage fuhr ich mit meinem Auto nach Schatsy-Kou, wo wir vorgeschobene Posten besaßen. Ohne an Böses zu denken, hielt ich vor dem Hause an. Zu meinem Erstaunen lagen alle Offiziere und Mannschaften längs einer nach See zu geschützten Böschung, winkten lebhaft mit den Armee, was ich selbstverständlich als Begrüßung auffaßte und durch ebensolches Winken erwiderte. Ich saß noch in meinem Auto, als ich dicht über meinem Kopfe ein lautes Pfeifen und Zischen und einen Augenblick darauf bereits ein ohrenbetäubendes Krachen vernahm. Nur zehn Schritt von uns entfernt war mitten im Mauerwerk des Hauses die erste Granate krepiert, und ehe ich mich auch nur besinnen konnte, langten auch schon die folgenden Geschosse an.

Nun wir aber raus aus dem Auto und die Beine in die Hand genommen und schnell zu den andern an die allerdings nur fragliche Deckung gelehnt. Meine Kameraden bogen sich schier vor Lachen, denn so ernst die Situation auch war, so ulkig muß der Anblick gewesen sein.

Nun erfuhren wir auch, was los war.

Eine japanische Torpedobootsflottille lag vor uns und versuchte durch ihr Geschützfeuer Schatsy-Kou zu zerstören. Zwei volle Stunden lagen wir, ohne etwas sehen zu können, ohne jede Deckung und ohne uns rühren zu können, im Granatfeuer. Dann schien die Mittagspause für den Japs zu kommen, und er stellte das Feuer ein. Als wir die Schäden des Hauses besichtigten, waren die kleinen Chinesenjungens schon längst dabei, die Granatsplitter zu sammeln. Und als wir uns einen Augenblick zu einer Tasse Kaffee hingesetzt hatten, kamen drei kleine Chinesenstifte freudestrahlend an, in ihren schmutzigen kleinen Fingern drei Blindgänger haltend, die sie in aller Ruhe vor uns auf den Tisch warfen. Na, wenn die losgegangen wären, das hätte ein schönes Schützenfest gegeben!

Nun mußten wir zurück, und als das Auto in das erste Felsental einbog, krepierten hinter uns schon wieder die Granaten der neu einsetzenden Beschießung.

Einige Zeit darauf mußte ganz Schatsy-Kou mit dem ganzen übrigen Schutzgebiet geräumt werden, und am achtundzwanzigsten September wurden wir hinter das Haupthindernis eingeschlossen, und gleichzeitig setzte von See aus die erste große Beschießung ein.

Das war eine Ballerei!

Am frühen Morgen dieses Tages saß ich quietschfidel in meiner Badewanne, um mich zu einem größeren Fluge zu erfrischen, als plötzlich ein schier ohrenzerreißender Lärm einsetzte. Da unsere Geschütze bereits tage- und nächtelang gedonnert hatten, achtete ich nicht weiter auf den verstärkten Lärm, sondern schob ihn auf das Feuern unserer Achtundzwanzig-Zentimeter-Haubitzen der Bismarckbatterie, die, um Munition zu sparen, bis jetzt geschwiegen hatte und an deren Fuß meine Villa lag.

Ich schickte meinen Burschen noch zu meinem Flugzeug, um nachzusehen, ob alles klar gemacht würde. Aber schon nach einigen Minuten kam er atemlos und etwas blaß zurück und meldete: „Herr Oberleutnant, wir müssen schnell die Villa verlassen, wir werden von vier großen Schiffen beschossen. Eine der schweren Granaten ist eben ganz dicht beim Flugzeugschuppen krepiert, aber Gott sei Dank ist das Flugzeug heil geblieben, und niemand ist verletzt. Nur ich habe mir die Finger verbrannt. Da lag so ein schönes großes Sprengstück das wollte ich doch als Andenken mitnehmen; na, und das war so heiß, aber mitgebracht habe ich es doch!" Und dabei hob er freudestrahlend sein halb verbranntes Taschentuch hervor, in dem ein zirka armlanges furchtbares Sprengstück einer Dreißigeinhalb-Zentimeter-Granate lag. Nun war ich aber raus aus meinem Bad! Kaum zwei Minuten später stand ich bei meinem schwer gefährdeten Flugzeug, und mit vereinten Kräften schoben wir den teuren Vogel in eine andere Ecke des Platzes, wo er hinter einem Abhang etwas geschützter stand. Dann lief ich auf den Küstenkommandeurstand, um mir das Schauspiel der Beschießung anzusehen.

Dieser Kommandeurstand lag auf einem Hügel, von dem man einen geradezu idealen Überblick über Tsingtau hatte. Von hier aus konnte man jede einzelne Granate einschlagen sehen, und wenn ich nicht flog, saß ich während der ganzen nächsten Wochen hier oben in freier Luft, um den Kampf zuzusehen.

Die erste Beschießung von Tsingtau an diesem achtundzwanzigsten September war besonders eindrucksvoll.

Das Krachen und Krepieren der Granaten und das Gedröhne wurde durch die ringsherum liegenden Berge bedeutend verstärkt. Schlag auf Schlag folgten die Einschläge der langen Dreißigeinhalb-Zentimeter-Schiffsgeschosse, und wir hatten den Eindruck, daß ganz Tsingtau in einen Trümmerhaufen verwandelt werden würde. Ein unheimliches Gefühl, an das man sich aber schnell gewöhnt. Man ist ja doch den einschlagenden Granaten gegenüber vollkommen machtlos und kann nichts weiter tun als warten, bis alles vorbei ist.

Man soll nur Glück haben, nicht gerade da zu stehen, wo solch ein unheimliches Ding niedersaust.

Die feindlichen Schiffe dampften so weit draußen, daß unsere Geschütze sie nicht erreichen konnten. Also in vollster Sicherheit! Vorneweg fuhren drei japanische Schlachtschiffe und als letztes Schiff hinterher, unter japanischem Befehl: das englische Linienschiff „Triumph".

Gott sei Dank war der Schaden, den das Bombardement angerichtet hatte, nicht groß gewesen, und von nun ab sahen wir den kommenden Beschießungen mit größter Ruhe entgegen.

Am Abend dieses Tages war ich Zeuge einer besonders traurigen Begebenheit.

Unsere Kanonenboote „Cormoran", „Iltis" und „Luchs" wurden von uns versenkt, nachdem sie ihre ganze Bewaffnung abgegeben hatten.

Es war ein ganz trostloser Anblick.

Die drei Schiffe, hintereinander festgemacht, wurden durch einen Dampfer in tiefes Wasser geschleppt, dort angezündet, dann gesprengt und verbrannt. Es sah aus, als ob die drei Schiffe wüßten, daß sie zur Schlachtbank geführt wurden. So unendlich traurig und hilfesuchend reckten sie ihre kahlen Masten zum Himmel empor; und unter den Flammen wanden sich die Schiffsleiber, als wenn sie noch Leben in sich gehabt hätten, bis endlich die Wogen über ihnen zusammenschlugen und sie von ihren Leiden befreiten. Wie krampfte sich mir das Seemannsherz zusammen bei diesem Anblick! Diesen drei folgten „Lauting" und „Taku" und kurz vor der Übergabe der kleine „Jaguar" und der österreichische Kreuzer „Kaiserin Elisabeth", nachdem diese beiden letzteren Schiffe uns unendliche Dienste geleistet hatten. Die Arbeit dieser beiden Schiffe füllt ein Ruhmesblatt in der Geschichte von Tsingtaus Kampf und Tod.

Allerhand Scherze der Japs

Die Tätigkeit der japanischen Belagerungsarmee war für uns ein großes Rätsel. Nach der ersten großen Beschießung dachten wir alle, die Japaner würden versuchen, die Festung sofort zu stürmen, aber nichts dergleichen geschah. Wir begriffen den Feind einfach nicht, der mußte doch wissen, wie schwach wir waren und daß sie nur ein einziges Drahthindernis zu überwinden brauchten, um in der Festung zu sein.

Dann tauchten bei uns die wildesten Gerüchte auf.

„Die Japaner wagen nicht, uns anzugreifen, die Sache steht in Europa zu gut für uns!" Dann wieder: „Die Amerikaner schicken uns ihre Flotte zu Hilfe; die Japaner werden abziehen müssen!" und dann: „Die Japaner wollen uns nur aushungern, sie wollen, daß Tsingtau so heil wie möglich in ihre Hände fällt!"

Aber alles blieb nur Vermutung.

Ruhig und systematisch und ohne daß wir sie daran hindern konnten, landeten die Japaner ihre Truppen, bauten Wege und Eisenbahnen, schafften die schwersten Belagerungsgeschütze und Munition heran, gruben sich unseren Hindernissen gegenüber ein und arbeiteten sich vorwärts gegen unsere Verteidigungslinie.

Jetzt begann für mich meine Hauptarbeit: das Erkunden der feindlichen schweren Batterien.

Und Tag für Tag, wenn das Wetter und der Propeller es erlaubten, stand ich früh im ersten Morgengrauen bei meinem Flugzeug.

Und auf ging es, einem ungewissen Schicksal entgegen. Und wenn die Sonne aufging, dann schwebte ich hoch am blauen Firmament, umkreiste stundenlang die feindlichen Stellungen und spähte hinab auf das geliebte Schutzgebiet, in das sich ein frecher Feind einnistete, um uns Tod und Verderben hinüberzusenden.

Schwer war meine Arbeit, aber schön, und sie wurde durch den Erfolg reichlich belohnt.

Und d a ß ich Erfolg hatte, das merkte ich am besten aus den Anstrengungen, welche der Feind machte, um mich herunterzuholen und mich unschädlich zu machen.

Wie ich bereits vorher erwähnt habe, war ich jetzt der einzige Flieger in Tsingtau, „der Vogelmaster von Tsingtau", wie mich die Chinesen nannten, und hatte auch nur diese eine Taube zur Verfügung. Nun galt es aufpassen und nichts kaputt machen, sonst war es vorbei mit der Fliegerei.

Ganz außerordentlich wurde das Fliegen erschwert durch den kleinen, von hohen Bergen wie ein Kessel eng umschlossenen Flugplatz und die ganz außerordentlich schwierigen Luftverhältnisse. Durch die hohen, schroffen Gebirge, durch den Wechsel von Land und Wasser und durch die starke Sonnenbestrahlung war die Turbulenz der Luft ganz ungewöhnlich stark und die Luftverhältnisse schon morgens um acht Uhr so ungünstig, wie sie in Deutschland während der heißesten Jahreszeit um die Mittagsstunden kaum vorkommen. Nur der kann wohl einen Begriff von den Schwierigkeiten des Fliegens in einem solchen Gelände sich bilden, der das selbst durchgemacht hat.

Hinzu kam, daß mein Flugzeug, welches für normale Verhältnisse zu Hause gebaut war, in dieser dünnen Luft zu schwer war, mein Motor hundert Umdrehungen zu wenig machte und ich mit einem Propeller flog, der auf die oben angeführte Weise entstanden war.

Kein Wunder also, daß ich nicht daran denken konnte, jemals einen Beobachter mitzunehmen. Alles irgend Entbehrliche riß ich aus meinem Flugzeug heraus, um es zu erleichtern. Benzin und Öl wurden so bemessen, daß ich eben auskam, ja oft ließ ich sogar meine Lederjacke zu Hause, nur um mit dem Flugzeug aus dem Platz herauszukommen.

Der Start, der war ja das Verhängnisvolle!

Jeder Start m u ß t e glücken; mißlang er, dann war es um mich und mein Flugzeug geschehen!

Der Abflug war wirklich ein jedesmaliger Kampf auf Leben und Tod, und wie oft hat es nur an einem Haar gehangen, daß das Flugzeug nicht zerschellte.

Manchmal, wenn ich nach Süden zu startete, setzten am Ende des Platzes, ungefähr da, wo das Fort Hu-Tchuen-Huk mit dem Meere zusammenstößt, enorme Fallböen ein, das Flugzeug fiel direkt unter mir weg, ich riß es eben noch über die Geschützrohre des Forts frei, dann fiel es wieder schwer durch, und oft handelte es sich nur um Handbreiten, daß ich es über dem Meeresspiegel wieder abfing, wo es sich langsam erholte und zu klettern anfing.

Der Start nach Norden zu (andere als diese beiden Richtungen kamen nicht in Frage) war furchtbar, und im ganzen habe ich ihn nach dieser Richtung hin auch nur sechs- bis siebenmal gemacht; aber an diese Male denke ich dafür mein Leben lang.

Im äußersten Südzipfel des Platzes mußte ich dann starten. Und in einer geraden Linie ging es über den nur wenige hundert Meter langen Platz hinweg, über meinen Schuppen, über mehrere Villen und über unseren Kirchhof der bereits an einem zirka einhundertundfünfzig Meter hohen schmalen Sattel lag, der von beiden Seiten von den Felsmassen des Bismarckberges und der Iltisberge eingeschlossen wurde. Sowie ich links den Bismarckberg hinter mir hatte, kamen die ersten Seitentäler, und aus diesen setzten scharfe Böen ein, mein Flugzeug bekam einen mächtigen Stoß und legte sich schwer nach Steuerbord über, und trotz voller Verwindung konnte ich das Flugzeug nicht wieder aufrichten. Seitensteuer durfte ich nicht geben, um nicht in die Felsen hineinzurennen.

So raste denn mein Flugzeug in dieser Stellung mit der rechten Flügelspitze nur wenige Zentimeter von den unter mir liegenden Baumkronen und Felsmassen entfernt durch dieses Höllental hindurch, und ich konnte nichts weiter tun, als mein Steuer mit eiserner Ruhe führen, um nicht unten zu zerschellen. Bis ich dann endlich auf der anderen Seite über dem Wasser der Kiautschoubucht schwebte und mein Flugzeug wieder vernünftig wurde.

Ich will's gestehen, heiß und kalt hat's mich bei jedem Start überlaufen, und ordentlich froh war ich, wenn ich ihn hinter mir hatte und mich höher und höher schraubte, bis ich endlich meine zweitausend Meter erreicht hatte. Das war allerdings eine Geduldsprobe. Manchmal kam ich in einer Stunde hinauf. Gewöhnlich aber dauerte es bis zu einunddreiviertel Stunden. Während dieser ganzen Zeit flog ich weit, weit draußen über See, um den Schrapnells, die die Japaner nach mir sandten, zu entgehen.

Was konnte ich noch lange darüber nachdenken, daß ich ein Landflugzeug hatte und daß ich bei der geringsten Motorpanne ertrinken mußte. Es wäre ja doch dasselbe gewesen, als wenn eine Panne oder womöglich ein Volltreffer mich über dem Lande erreicht hätten. Im ganzen Schutzgebiet gab es nur Felsen, Schluchten und außer meinem Flugplatz nicht ein einziges Plätzchen, wo ich hätte heil landen können.

Die Gedanken daran kamen mir wohl ab und zu in den ersten Tagen, aber da sie doch zwecklos waren, gab ich sie wieder auf. Während der ganzen Zeit dieses Emporkletterns erfreute ich mich dann an dem herrlichen Sonnenschein, an dem wunderbaren Anblick der schroffen Felsenküsten und an dem tiefblauen Meer. Meist sang oder pfiff ich ein Liedchen, und wenn der Höhenmesser zweitausend Meter zeigte, dann brummte ich ein Gott sei Dank, und auf dem kürzesten Wege schoß ich der feindlichen Linie zu und begann meine Beobachtungen.

Diese führte ich dann folgendermaßen aus:

Sobald ich über dem Feinde war, drosselte ich den Motor so, daß das Flugzeug die Höhe von selber hielt. Dann hängte ich meine Karte vor mich an das Höhensteuer, nahm einen Bleistift mit Notizheft zur Hand und beobachtete, nach unten zwischen Tragfläche und Rumpf hindurchsehend, den Feind. Das Höhensteuer ließ ich ganz los, und die Seite steuerte ich mit den Füßen.

Eine Stellung umkreiste ich dann so lange, bis ich alles ausgemacht, in die Karte eingetragen, mir genau aufgeschrieben und eine ganz genaue Skizze angefertigt hatte. Ich hatte bald eine solche Übung darin, daß ich oft, ohne überhaupt aufzusehen, anderthalb bis zwei Stunden nach unten beobachtete und alles genau aufschrieb.

Und wenn mir dann das Genick steif wurde, drehte ich mich um und sah nach der andern Seite hinunter. Bis ich dann endlich mit meinen Aufzeichnungen zufrieden war und ein Blick auf die Benzinuhr mich belehrte, daß es höchste Zeit sei, umzukehren, um noch meinen Platz zu erreichen.

Der Rückflug war jedesmal derselbe. In stolzem Bogen umkreiste ich die Werft und die Stadt, und über meinem Platz angekommen, stellte ich den Motor ab, und in rasendem Kurvengleitflug ging es der Erde zu, und vier Minuten später stand ich wohlbehalten unten.

Die Eile war nötig!

Mein Flugzeug wurde natürlich während der ganzen Stunden, die ich über den feindlichen Stellungen schwebte, auf das heftigste mit Gewehren und Maschinengewehren beschossen. Und als das nichts half, kamen die Schrapnells. Die waren allerdings eklig.

Und immer wieder neue Überraschungen hatten die Japaner für mich. Als ich zum Beispiel an einem herrlichen Morgen mit prächtigem blauem Himmel von einer Aufklärung zurückkam und landen wollte, schwebten über meinem ganzen Landungsplatz lauter kleine weiße Wölkchen in etwa dreihundert Meter Höhe, die von oben ganz allerliebst aussahen.

Aber bald merkte ich, daß die Japaner sich wieder einmal einen Scherz mit mir erlaubten, denn die Wölkchen waren Sprengwolken von Zehneinhalb-Zentimeter-Schrapnells.

Aber was half es – Zähne zusammen und durch!

Und vier Minuten später stand meine Maschine, aus zweitausend Meter Höhe im Sturzflug kommend, wohlbehalten auf dem Platz, und so schnell ich konnte, rollte ich mit ihr in den Schuppen, dessen Dach durch Erde geschützt war.

Nun galt es für mich, List anzuwenden.

Und manchmal, wenn ich noch über den feindlichen Stellungen war, stellte ich plötzlich den Motor ab und sauste senkrecht auf eine Ecke meines Platzes zu, so daß die Japaner glaubten, ich sei abgeschossen, und sie so überascht wurden, daß ihre Schrapnells über dem Platz erst ankamen, als ich bereits zum Schuppen rollte.

Als ich aber immer wiederkam, da verlegten die Japaner zwei ihrer Zehneinhalb-Zentimeter-Batterien so weit nach hinten und nach der Seite, daß ihre Schrapnells mich bequem erreichten, während ich die Stunden über ihren Stellungen kreiste. Das war das Unangenehmste, und oft wäre mein Schicksal auch beinah besiegelt gewesen, wenn ich nicht durch eine plötzliche scharfe Wendung das Getroffenwerden vermieden hätte.

Die Schrapnells krepierten dann so nahe, daß ich trotz des Motorgeräusches das häßliche Bellen der Detonation hörte, den heftigen Luftdruck im Gesicht verspürte und mein Flugzeug so stark wie eine alte Kuff im Seegang zu rollen anfing, was mich bei meinen Beobachtungen stall belästigte.

Ich muß offen sagen, jedesmal, sobald ich glatt gelandet war, spürte ich ein herrliches Gefühl der Freude und der Genugtuung nach vollbrachter, schwerer Arbeit, ja meist stieß ich vor lauter Freude einen kräftigen Jauchzer aus.

Zu denken auch:

Nur vier Minuten früher war ich zweitausend Meter hoch gewesen, hatte Stunden höchster Anstrengung und Gefahr hinter mir und rollte nun, trotz Geschoß und Schrapnell, auf Gottes schöner Erde und hatte wieder festen Grund unter den Füßen!

Sobald ich aufgesetzt hatte, kamen meine vier braven Leute, die des Schrapnellhagels nicht achteten, herangelaufen und halfen mir die Maschine bergen. Mit freudigem Gekläff wurden sie umsprungen von meinem treuen Hund Husdent.

Und während die vier das Flugzeug zum nächsten Male wieder klar machten, saß ich längst am Steuer meines Autos, in der Brusttasche meine Karten und Meldungen, neben mir Husdent, und raste nochmals durch das Schrapnellfeuer über den Platz und zum Gouvernement, wo bereits auf meine Meldungen gewartet wurde.

Ich glaube, man wird meine Freude und meinen Stolz verstehen können, wenn ich meine Aufzeichnungen auspakken konnte. Hatte ich doch manchmal an einem Tage fünf bis sechs neue feindliche Batterien entdeckt, und oft füllten meine Beobachtungen vier Seiten der Berichtsformulare aus.

Der warme Händedruck des Dankes meines Gouverneurs und des Chefs des Stabes sagte mir genug.

Und während ich damit nach Hause fuhr, um zu frühstücken und mich zu erholen, donnerten bereits unsere Geschütze und warfen ihren Eisenhagel in die von mir neu erkundeten Stellungen hinein.

Meine Kriegslist

Wie traurig sah es jetzt in meinem Häuschen aus, so einsam und verlassen!

Gleich zu Beginn der Belagerung mußte der gute Patzig sein Heim aufgeben und als Batteriekommandeur zu seiner Einundzwanzig-Zentimeter-Batterie eilen. Nur vier Wochen hat er etwas von seiner schönen Wohnung gehabt, dann saß er in seiner Kasematte und tat seine Pflicht, bis seine letzte Granate verschossen war und die Japaner mit ihren Achtundzwanzig-Zentimeter-Haubitzen seine ganze Batterie zu einem wüsten Trümmerhaufen verwandelten!

Treulos verließ mich aber, als der erste Schuß fiel, mein Chinesenkoch Moritz, und eines Abends waren auch Fritz, Max und August spurlos verschwunden.

Nach einigen Tagen kam ein neuer Chinesenkoch, Wilhelm genannt, der mir mit großen Gebärden erzählte:

„Du, Vogelmaster, ich gute Koch sein, ich nicht weglaufen wie die schlechte Kerl, die Molitz, iche nicht Angst haben, ich plenty gut chau-chau mache."

Ich glaubte es, versprach ihm fünf Dollar mehr, und es ging auch ganz gut, bis eines Tages die ersten feindlichen Granaten in der Nähe meines Hauses krepierten und Herr Wilhelm ebenso spurlos verduftete wie sein Vorgänger.

Nun saß ich mit meinen treuen Burschen Dorsch in dem verwaisten Hause allein.

Wir beide waren jetzt die einzigen Bewohner des ganzen Villenviertels der Iltisbucht.

Angenehm und sicher war der Aufenthalt gerade nicht, denn die Villen waren an die Hügel gebaut, die unsere Hauptbatterien trugen, und die feindlichen Granaten, die bei diesen vorbeigingen, trafen mitten in uns hinein. Wir beide waren aber sehr vorsichtig. Wir zogen nämlich aus dem oberen Stockwerk aus und richteten uns im Erdgeschoß häuslich ein. Zum Überfluß stellten wir beide noch unsere Betten so in eine Ecke, daß wir nicht unmittelbar am Fenster lagen , und das war dann Sicherheit genug. Gut, daß kein dicker Koffer uns zu einem Versuch herausforderte. In der Luft blieb ich nicht lange allein.

Am Vormittag des fünften September, bei unfreundlichem Wetter, mit tiefhängenden Wolken, hörten wir plötzlich das Brummen eines Motors, und ich lief aus dem Hause, um zu sehen, was los sei. Und schon schoß dicht über unseren Köpfen ein riesiger Doppeldecker aus den Wolken. Ich war sprachlos. Und wie gespann schaute ich dem Gespenste nach. Bald jedoch krachten die ersten Bombenexplosionen, und nun gewahrte ich auch die großen roten Bälle unter den Tragflächen des Flugzeuges.

Also ein Japaner!

Ich muß sagen, mir war eigenartig zumute, als ich den riesigen feindlichen Kollegen so dicht über meinem Kopfe dahinschweben sah. Das konnte ja für die Zukunft eine heitere Geschichte werden!

Für Tsingtau war das Erscheinen des feindlichen Fliegers eine höchst unangenehme Überraschung. Daß die Japaner auch Flugzeuge mitbringen würden, das hatte keiner erwartet.

Im ganzen hatten die Japaner im Laufe der Belagerung acht Flugzeuge, darunter vier ganz hervorragend große Wasserdoppeldecker, um die ich die Japsen herzlichst beneidete.

Wie oft habe ich in den nächsten Wochen, wenn die wunderschönen, neuen, großen Wasserdoppeldecker der Japaner die Stadt umkreisten, sehnsüchtig nach oben geschaut und mir solch ein Ding herabgewünscht.

Fliegen taten die Japaner sehr gut und mit außerordentlichem Schneid, das muß man ihnen lassen.

Ein Segen, daß ihr Bombenwerfen nicht ebenso gut war, sonst hätte es bös was für uns abgegeben.

Die japanischen Fliegerbomben waren stark, neuester Konstruktion und von ganz bedeutender Sprengwirkung.

Einen gewaltigen Vorteil hatten die feindlichen Wasserflugzeuge. Sie konnten weit draußen, gänzlich ungestört durch uns, ohne Rücksicht auf Windrichtung, in aller Ruhe starten, hatten so viel Anlaufstrecke vor sich, wie sie nur irgend wünschen konnten, Windrichtung war gänzlich egal, und wenn sie dann in größter Sicherheit ihre dreitausend Meter erreicht hatten, kamen sie zu uns herüber, und dann pfiffen sie auf unsere Schrapnells und unser Maschinengewehrfeuer.

Eins der Hauptziele der feindlichen Fliegerbomben war mein Flugzeugschuppen.

Die Sache wurde für mein Flugzeug bald so ungemütlich, daß ich eines Tages auszog und beschloß, meine feindlichen Kollegen ganz gründlich anzuführen.

Mein richtiger Schuppen lag auf dem Nordende des Platzes, war von oben wundervoll zu sehen und den Japanern natürlich zur Genüge bekannt. Nun baute ich in aller Stille genau am entgegengesetzten Ende des Platzes einen neuen Schuppen, den ich direkt an einen Bergabhang anlehnte und mit Erde und Gras so bedeckte, daß von oben tasächlich nicht das geringste zu sehen war. Dann bauten wir mit vieler List und Tücke aus Brettern, Segeltuch und Blech ein Scheinflugzeug, welches von oben gesehen meiner Taube täuschend ähnlich sah. Sowie nun in Zukunft die feindlichen Flieger kamen, wurde Theater gespielt.

An einem Tage waren die Tore meines alten Schuppens auf, und davor saß im schönen grünen Gras, breit und behäbig mein Simulacre. An einem anderen Tage waren die Tore geschlossen und nichts zu sehen. Wiederum an einem Tage saß mein Scheinflugzeug an einer anderen Stelle des grünen Rasens, wo es sich besonders gut abhob, und so ging es fort. Nun kamen die feindlichen Flieger und warfen Bomben auf Bomben und bemühten sich, diesen unschuldigen Vogel zu treffen. Wir dagegen, mit unserem richtigen Flugzeug, saßen quietschfidel und durch unser Dach wohlgeschützt am anderen Ende des Platzes und hielten uns den Bauch vor Lachen, wenn wir sahen, wie die Bomben ihr unschuldiges Opfer heimsuchten.

Eines Tages, als wieder besonders viele Bomben gefallen waren, nahm ich ein schönes Sprengstück einer japanischen Fliegerbombe, befestigte daran meine Visitenkarte und schrieb darauf: „Den feindlichen Kollegen besten Gruß! Warum werfen Sie mit so harten Gegenständen? Wie leicht kann das ins Auge gehen! Und das tut man doch nicht!“

Diesen Brief nahm ich bei meinem nächsten Fluge mit und warf ihn vor der japanischen Wasserflugstation nieder.

Das war aber nur die Ankündigung meines Besuches.

Im Artilleriedepot hatte nämlich einer der Herren inzwischen Bomben für mich angefertigt. Ganz großartige Dinger! Große Zwei-Kilogramm-Blechdosen, auf denen schön zu lesen war: „Sietas, Plambeck & Co., bester Javakaffee“, wurden mit Dynamit, Hufeisennägeln und Eisenstücken gefüllt. Unten wurde eine Bleispitze angebracht und oben ein Zünder, der daraus bestand, daß ein spitzer Eisenkern beim Aufschlagen auf das Zündhütchen einer Gewehrpatrone schlug und dadurch die ganze Bombe zur Explosion brachte. Etwas unheimlich waren mir ja diese Dinger, und wie ein rohes Ei faßte ich sie an, und ich war immer herzlich froh, wenn ich sie abgeworfen hatte. Viel Schaden haben sie nicht angerichtet. Einmal habe ich ein Torpedoboot getroffen, und da ging das Ding nicht los; mehrere Male hätte ich beinahe einen Transportdampfer erwischt, und einmal habe ich gemäß japanischen Nachrichten eine Bombe mitten in eine japanische Kolonne geworfen und damit dreißig Gelbe zum Hades befördert.

Bei einer Gelegenheit hatte ich mich ganz besonders geärgert, und das war, als ich eines frühen Morgens das Lager unserer lieben Vettern erkundet hatte und ihnen zu ihrem Morgenkaffee meinen echt javanischen Kaffee beisteuern wollte. Die Bombe fiel nach englischen Berichten auf ihr Küchenzelt, und da dieses stark federte, prallte sie leider wirkungslos ab.

Das Vergnügen des Bombenwerfens habe ich mir bald verkniffen. Ich hatte sowieso schon, wo ich immer allein war, genug zu tun. Die Wirkung rechtfertigte auch nicht die mit Bombenwerfen verschwendete Zeit.

Mit meinen feindlichen Fliegerkollegen habe ich mich dann öfters in der Luft getroffen. Suchen tat ich diese Begegnung nicht, denn ich allein mit meiner langsam steigenden, schwerfälligen Taube konnte gegen die großen Doppeldekker, die drei Mann Besatzung an Bord hatten, nichts ausrichten. Und vor allen Dingen hatte ich die verdammte Pflicht, aufzuklären und dann „das" Flugzeug Tsingtaus heil nach Hause zu bringen.

Einmal war ich in meine Beobachtungen ganz vertieft, als mein Flugzeug sehr stark anfing zu schlingern und zu stampfen. Ich dachte, es wären wieder einmal Luftstörungen, die durch die vielen steilen und schroffen Gebirge hervorgerufen wurden und ja das ganze Fliegen in dieser Gegend so außerordentlich erschwerten. Ohne also aufzusehen, beobachtete ich weiter und erfaßte nur mit der einen Hand das Höhensteuer, um das Flugzeug zur Ruhe zu zwingen.

Nach meiner Rückkehr wurde mir zu meinem Erstaunen erzählt, daß eins der feindlichen Flugzeuge dicht über mir weggeflogen wäre, und alles dachte schon, ich würde von diesem heruntergeschossen werden.

Das nächste Mal paßte ich besser auf. Und als ich einen meiner feindlichen Landkollegen dicht unter mir erblickte, verfolgte ich ihn und schoß ihn mit einer Parabellumpistole mit dreißig Schuß herunter.

Kurze Zeit hinterher wäre es mir fast selbst so ergangen. Ich war nur eintausendsiebenhundert Meter hoch, und trotz der größten Anstrengung kam und kam ich nicht höher. Ich war gerade über dem feindlichen Wasserfliegerlager, und einer der großen Doppeldecker startete soeben. Ich führte nun meine Erkundigungen weiter aus und dachte: Na, der kann ja lange krebsen, bis er so hoch ist wie du!

Aber schon nach vierzig Minuten, als ich nach links über die Tragflächen hinwegschaute schwebte der Feind nur wenige tausend Meter entfernt in derselben Höhe wie ich. Donnerwetter, nun hieß es aufpassen und höher steigen. Aber wie verhext streikte mein Vogel. Nicht einen Meter gewann ich mehr, und schon nach fünfzehn Minuten war der andere ein ganzes Stück höher als ich, kam schräg auf mich zu, und ich merkte seine Absicht, mir den Weg nach Tsingtau abzuschneiden.

Jetzt ging's um die Wette, wer zuerst ankam und sich zuerst über Tsingtau befand.

Ich gewann das Rennen.

Und als ich über meinen Platz war, da ging's im steilsten Sturzflug nieder, und als ich eben auf dem Platze aufsetze, da krepierten auch schon die ersten feindlichen Bomben dicht hinter mir.

Wie wunderbar manchmal so eine Bombe trifft!

In Tsingtau war strenger Befehl, daß bei Annäherung der feindlichen Flieger jedermann sofort in Deckung zu gehen hätte, wodurch es ermöglicht wurde, daß keine Verluste eintraten. Nur einmal ist ein Unteroffizier verletzt worden und einmal ein Chinese. Und das war wunderbar genug! Auf meinem Platze arbeiteten ungefähr hundert Chinesen, und bei Annäherung der Flieger brachten sie sich schleunigst in Sicherheit.

Nur so 'n brauner Geselle blieb an einem Tage mitten auf dem Platze mutterseelenallein sitzen und sah sich erstaunt den großen Vogel an. Bums! ging eine Bombe nieder, und wo krepierte sie? Ausgerechnet einige Schritte neben diesem armen Teufel – und verletzte ihn schwer.

Ja, ich sage, man muß nur Pech haben und gerade da stehen, wo Granaten und ähnlich schwerverdauliche Gegenstände her niederfallen.

Hurra!

Und wie sah es nun inzwischen in Tsingtau aus? Die Beschießung von See setzte täglich ein, und bald kamen auch die ersten Landbatterien und halfen mit bei dem höllischen Spiel. Außer in den bombensicheren Räumen und Kasematten gab es keinen sicheren Platz mehr in ganz Tsingtau. Die Beschießung wurde heftiger und immer heftiger, und an manchen Tagen wurden allein von See aus mehrere hundert Dreißigeinhalb-Zentimeter-Schiffsgranaten in das kleine Tsingtau hineingeschossen.

Am vierzehnten Oktober fand eine besonders heftige Beschießung unseres Seewerkes Hu-Chuin-Huk statt. Weit draußen fuhren die feindlichen Schiffe, und schon nach der zweiten Salve deckten die Dreißigeinhalb-Zentimeter-Granaten das kleine Werk. Nun folgte Salve auf Salve. Das ganze Werk war in Wassersäulen, Flammen und Rauch eingehüllt, und das Krachen und Dröhnen der krepierenden Granaten ließ die Erde erbeben.

Wie immer, so stand ich auch an diesem Morgen auf dem Küstenkommandeurstand nur rund tausend Meter seitlich von dem beschossenen Fort ab und erlebte so das grausige Schauspiel aus nächster Nähe.

Oft flogen die scharfen, bis über einen Meter langen Sprengstücke der Granaten pfeifend und surrend und unheimlich zischend über unsere Köpfe weg, ohne daß wir darauf achteten, da uns der Anblick des beschossenen Forts zu sehr gefangennahm. Das Gesehene war so gewaltig, daß es sich nicht beschreiben läßt.

So etwas kann man nur erleben.

Wir dachten mit Schmerzen an die tapfere Besatzung und an ihren sicheren Untergang, aber mitten im tollsten Feuer schoß die eine alte Vierundzwanzig-Zentimeter-Kanone einen Schuß, und voll Spannung richteten sich sofort alle unsere Doppelgläser auf die feindlichen Schiffe.

Und da plötzlich ein Hurra! So jubelnd und froh entrang es sich unseren Kehlen, und drüben beim englischen Linienschiff „Triumph“ saß unsere Sprenggranate mitten an Deck. „Triumph“ drehte sofort ab und lief mit äußerster Kraft davon, und als kurze Zeit darauf unsere zweite Granate ankam, konnte sie nur noch fünfzig Meter hinter seinem Heck ins Wasser einschlagen.

„Triumph“ dampfte dann nach einigen Signalen, die er mit dem japanischen Flaggschiff wechselte, ab und ging zur Reparatur nach Yokohama.

Die drei japanischen Schiffe setzten ihre Beschießung fort, aber nunmehr in noch respektvollerer Entfernung, so daß es zwecklos war, mit unseren alten Kanonen, die längst nicht so weit reichten, zu feuern.

Mittags um zwölf Uhr hörte die Beschießung endlich auf, nachdem der Feind sowohl wie wir mit Recht der Überzeugung sein konnten, daß das Fort zerstört und die Insassen getötet seien.

Sofort eilte der Stab des Küstenkommandeurs zum Fort Hu-Chuin-Huk, und auch ich folgte mit meinem Auto.

Gewärtig eines furchtbaren Anblicks, waren wir bei unserer Ankunft höchst erstaunt, die gesamte Besatzung froh und vergnügt umherspringen zu sehen, Sprengstücke sammelnd und die riesigen Krater, die die feindlichen Granaten in den Boden geschlagen hatten, bewundernd.

Das war eine Freude!

Kein einziger der Leute verletzt, kein Geschütz beschädigt, kein bombensicherer Raum durchschlagen!

Der Erfolg der schweren Beschießung war: eine Keksschachtel zerschlagen und ein Mannschaftshemd, welches zum Trocknen gehangen hatte, zerrissen.

Und dazu unter anderem Einundfünfzig- bis Dreißigeinhalb-Zentimeter-Geschosse.

Durch eine der dünnen Panzerkuppeln war eine schwere Granate glatt durchgeschlagen und als Blindgänger friedlich auf den Eisenplatten neben dem Geschütz liegengeblieben.

Nun löste sich auch das Rätsel unseres eigenen Schusses: Unsere Geschütze hatten eigentlich nur eine Reichweite von hundertsechzig = hundert. Aber da war die Bedienung dabeigegangen und hatte es mit unendlichen Mühen fertiggebracht, daß das Geschütz einige Sechzehntel Grade höher gerichtet wurde und dadurch wieder zwei- bis dreihundert Meter weiter schießen konnte.

Und, das Geschützrohr in höchster Erhöhung fertig geladen, hatte die wackere Besatzung und ihr tapferer Batterieführer, Oberleutnant zur See Haßhagen, trotz des furchtbaren Granatfeuers ruhig am Geschützrohr ausgeharrt, bis endlich eines der Schiffe in Reichweite kam.

Und der erste Schuß, der saß gleich!

Schade, daß beim zweiten Schuß der „Triumph" schon so weit weggelaufen war, sonst hätte ihn schon an diesem Tage sein Schicksal ereilt.

Aber er entging ihm nicht !

Und was wir nicht mehr vollbringen konnten, hat einige Monate später unser Hersing ausgeführt. Im Frühjahr Neunzehnhundertfünfzehn hat er uns Tsingtauer gerächt, als er mit seinem U-Boot vor den Dardanellen denselben „Triumph" auf den Meeresboden hinabsandte.

Wir Tsingtauer wissen ihm dafür Dank!

Mit den Offizieren und der Besatzung des Forts Hu-Chuin-Huk verband mich ein besonders inniges Verhältnis.

Von Rechts wegen gehörte ich überhaupt zu ihnen, denn erstens grenzte mein Flugplatz an das Fort, und zweitens waren sie jedesmal Zeugen meiner Starts und vor allen Dingen meiner Bemühungen, von ihren Kanonen freizukommen. Und mehr als einmal standen die Leute klar, um ins Wasser zu springen und mich zu retten, da sie glaubten, ich stürze mit dem Flugzeug hinein.

Und so oft ich Gast des hervorragenden Fortkommandanten, Kapitänleutnants Kopp, war, malten wir uns in den schönsten Farben unseren Einzug in Deutschland nach beendetem Kriege aus, und da wurde selbstverständlich ausgemacht, daß ich mit bei der Besatzung vom Fort Hu-Chuin-Huk marschierte.

Am siebzehnten Oktober spät abends stand eine Gruppe von Offizieren in atemloser Spannung auf dem Küstenkommandeurstand. Wir wenigen hier oben wußten, worum es sich handle. Das alte Torpodoboot S 90, Kommandant Kapitänleutnant Brunner, sollte auslaufen.

Schon zwei Abende vorher war er zu kühner Nachtfahrt in See gegangen und hatte dort, von wo aus die japanischen Schiffe uns beschossen, Minen gestreut.

Heute sollte er nun seine schwerste und letzte Aufgabe erfüllen: die Linie der feindlichen Torpedobootszerstörer durchbrechen und eins der feindlichen Schiffe angreifen.

Es war eine helle Nacht, und der Mond ging gegen zehn Uhr unter. Nun sollte das Boot auslaufen.

Es wurde zehn Uhr, zehn Uhr dreißig, die Spannung wuchs unerträglich. Nichts von S 90 war zu sehen.

Da – um elf Uhr gewahrten wir einen langen, grauen Schatten, welcher sich vorsichtig auf dem Wasser unterhalb des Perlgebirges dahinbewegte. Und bald erkannte auch das scharfe Seemannsauge die Formen des Torpedobootes.

„Glückliche Fahrt, ihr wackeren Leute!“

Unser aller Herzen sanden ihnen die heißesten Wünsche nach. Nun verschwand das Boot unseren Blicken, und bald kam der gefährliche Moment, wo es die feindliche Zerstörerlinie durchbrechen würde.

Gebannt starrten unsere Augen nach dem offenen Meere, jeden Augenblick das Aufblitzen er Scheinwerfer und das Mündungsfeuer der feindlichen Geschütze erwartend.

Alles blieb still.

Es wurde zwölf Uhr, endlich zwölf Uhr dreißig, ein Alp wich von uns allen. Die feindlichen Zerstörer hatten nichts gemerkt. Nun mußte aber das Boot am feindlichen Gros heran sein!

Die Minuten wurden uns zu Stunden. Keiner wagte zu sprechen.

Da plötzlich um ein Uhr, ganz fern im Süden, draußen auf weiter See eine riesige Feuersäule und dann von allen Seiten tastende, grelle Finger von Scheinwerfern, und ganz leise kam nach einiger Zeit ein dumpfes Gollen und Beben zu uns herüber.

Hurra! Das war S 90's Arbeit!

Und schon um ein Uhr dreißig hatten wir folgenden Funkspruch in der Hand:

„Habe feindlichen Kreuzer mit drei Torpedos angegriffen, alle Torpedos getroffen. Kreuzer ist sofort in die Luft geflogen.

Ich werde von feindlichen Zerstörerflottillen gejagt, Rückweg nach Tsingtau abgeschnitten, versuche nach Süden zu entkommen und sprenge, wenn nötig, das Boot in die Luft.

Unterschrift: Brunner."

Dieses Telegramm allein dürfte wohl für den Kommandanten, seine Offiziere und Besatzung genug sprechen.

Wenige Wochen drauf, ohne vorher daran gedacht zu haben, traf ich in Nanking die S-90-Besatzung wieder. Doch das ist eine spätere Geschichte.

Der letzte Tag

Die Belagerung nahm ihren planmäßigen Fortgang. Immer näher gruben sich die Japaner an uns heran, immer mehr schwere Geschütze hatten sie in Stellung gebracht, und mehrere Male hatten größere japanische Infanteriemassen nächtliche Sturmversuche auf unsere Infanteriewerke gemacht, wobei sie allerdings gründlich abgeschlagen wurden. Nun wurden die Infanteriewerke und besonders die davorliegenden Drahtverhaue unter einem ständigen Artilleriefeuer gehalten, und auch unsere Geschütze schwiegen kaum noch. Leider waren wir gezwungen, mit der wenigen Munition, die wir besaßen, sparsam umzugehen.

Die außerordentliche Länge der Belagerung, das dauernde Artilleriefeuer und die furchtbare Spannung, in der wir lebten, fing allmählich an zu wirken.

Auch meine Nerven begannen zu streiken.

Zum Essen konnte ich mich kaum noch zwingen, und schlafen konnte ich bald überhaupt nicht mehr. Wenn ich nachts die Augen schloß, dann hatte ich sofort im Geiste meine Karte vor mir und sah unter mir das Schutzgebiet liegen, zerrissen von den feindlichen Gräben und Stellungen. Und dazu brummte mir der Kopf und sausten mir die Ohren von dem Radau des Propellers, und dazwischen hörte ich immer wieder die Worte des Chefs des Stabes:

„Plüschow, denken Sie daran, daß Sie jetzt für Tsingtau wichtiger sind als das tägliche Brot! Kommen Sie mir ja zurück und halten Sie das Flugzeug heil! Und dann denken Sie daran, wie wenige Granaten wir haben und daß wir sie auf Ihre Beobachtungen hin verschießen. Seien Sie sich der Verantwortung bewußt!"

Ja, weiß Gott, das war ich mir!

Und ich hatte nichts mehr weiter im Kopfe als die feindlichen Stellungen, und stundenlang überkreuzte ich sie im Geiste immer wieder und ging mit mir zu Rate, ob ich das, was ich gemeldet, wirklich gesehen, ob ich mich nicht vielleicht getäuscht hätte und ob nicht dadurch die wenigen Granaten, die wir besaßen, durch meine Schuld nutzlos verschossen wurden.

Und wenn ich dann mein Hirn stundenlang zermartert hatte, schlief ich manchmal gegen drei Uhr morgens, an Geist und Körper zerschlagen, ein. Und kaum, daß ich eingeschlafen war, da kam die Pflicht, und mein Monteur stand vor mir und meldete mir mein Flugzeug klar.

Da gab's dann kein Zögern mehr.

Und bald stand ich an meiner Taube und prüfte alle Teile noch einmal genau.

Oft wollten mir dann meine Nerven noch schnell einen Streich spielen, und auch mein Magen klappte zusammen.

Aber wenn ich erst auf meinem Führersitz saß, den Gashebel in der Hand hatte und meinen Leuten mit dem Kopfe ein Lebewohl zugenickt hatte, dann gab's nur eins für mich: Ruhe und den eisernen Willen, meinen Auftrag auszuführen.

Und wenn erst der Start hinter mir und ich glücklich einige hundert Meter hoch war, dann war alles wieder in schönster Ordnung.

Eins kam hinzu, was mich besonders niederdrückte: das war die furchtbare Einsamkeit, das ewige Alleinsein in meinem Flugzeug. Ja, hätte ich einen Kameraden mit mir gehabt, und wäre es auch nur gewesen, um ihm ab und zu zunicken zu können, das würde für mich eine wahre Erleichterung gewesen sein.

Und wenn ich mehrere Tage des schlechten Wetters oder meines Propellers wegen nicht hatte fliegen können und wieder über den feindlichen Linien schwebte, dann hatte sich so furchtbar viel verändert.

Eine wahre Verzweiflung packte mich dann oft in der Luft.

Wo sollte ich bei dem vielen Neuen, das es da unten gab, bloß anfangen? Wie sollte ich mich aus dem Gewirr von Gräben, Zickzacks und Stellungen herausfinden? Ganz mutlos ließ ich dann die Karte sinken.

Aber das waren nur Sekunden.

Dann raffte ich mich zusammen, nahm meinen Bleistift zur Hand und sah nach unten. Und bald darauf hörte und merkte ich nichts mehr um mich herum und sah nur noch den Feind und meine Aufzeichnungen.

Der siebenundzwanzigste Oktober war für uns ein Jubeltag. Da traf von Seiner Majestät dem Kaiser folgendes Telegramm ein:

„Mit Mir blickt das gesamte deutsche Volk voll Stolz auf die Helden von Tsingtau, die getreu den Worten ihres Gouverneurs ihre Pflicht erfüllen. Seien Sie alle Meines Dankes sich bewußt!"

Da gab es wohl keinen in Tsingtau, dem das Herz nicht höher schlug. Unser Oberster Kriegsherr vergaß seine getreue kleine Schar hier im fernen Osten nicht.

Da gelobte sich wohl ein jeder in seinem Innersten nochmals, so zu kämpfen und seine Pflicht bis zum Letzten zu tun, daß sein Kaiser mit ihm zufrieden sin könnte.

Bald rückte der einunddreißigste Oktober, der Geburtstag des Mikado, heran. Durch Kundschafter hatten wir erfahren, daß die Japaner an diesem Tage Tsingtau bestimmt nehmen wollten. Den Tag zu beschreiben ist unmöglich.

Die Japaner hatten bis zu dieser Nacht ihre sämtlichen Landbatterien fertiggebaut, und in der Frühe um sechs Uhr dieses einunddreißigsten Oktober Neunzehnhundertvierzehn donnerten auf einmal von Land und See sämtliche feindlichen Geschütze und warfen ihren furchtbaren Eisenhagel auf uns herab.

Als erstes schossen die Japsen die Petroleumtanks in Brand, und bei dem herrlichen blauen Himmel mit vollkommener Windstille stand die riesige, dicke Qualmsäule wie ein drohendes Rachezeichen aufrecht da. Die Japaner schossen von Land in erster Linie mit schweren Haubitzen bis zum Achtundzwanzig-Zentimeter-Kaliber hinauf, und von See krachten die schwersten Schiffsgeschütze. Das Fauchen und Herabsausen der Haubitzgeschosse, das Zischen der Flachbahngeschosse, das Aufschlagen der Granaten und

Sprenggranaten und die Detonation beim Krepieren, dann das Bellen der zerplatzten Schrapnells und das Dröhnen unserer eigenen schweren Geschütze – das war ein Lärm, als ob die Hölle selbst losgelassen wäre.

Und wie wurden die Werke und all das in der Nähe liegende Gelände mitgenommen? Ganze Bergkuppen wurden abgetragen, tiefe Krater ausgestampft.

Endlich kam der Abend, und die Heftigkeit des feindlichen Feuers ließ nach. Wir sowohl wie der Feind glaubten bestimmt, daß unsere sämtlichen Werke niedergekämpft seien, denn sie glichen zum Teil nur noch Trümmerhaufen. Aber als unsere braven blauen Jungens an ihre Kanonen eilten, die zum Teil aus Erd- und Steinmassen förmlich herausgegraben werden mußten, fanden sie fast sämtliche Geschütze noch heil oder nur gering beschädigt.

Da fingen plötzlich mitten in der Nacht, als wir hören und sehen konnten, wie die feindlichen Sturmkolonnen sich sammelten, unsere sämtlichen Eisenschlünde an zu feuern und überschütteten die feindlichen Batterien und die heranrückenden Feinde mit ihrem vernichtenden Feuer. Die Wirkung dieser Beschießung muß für die Japaner verheerend gewesen sein.

Es erfolgte kein Sturm, wie beabsichtigt, und am nächsten Tage setzte das feindliche Artilleriefeuer erst gegen Mittag sehr flau wieder ein. Allerdings war es noch so kräftig, daß das kleine Fort Hu-Chuin-Huk allein fünfzig Volltreffer aus schwersten Haubitzen erhielt.

Die Japaner zogen aus dieser Nacht ihre Lehren. Und acht furchtbare Tage und Nächte folgten für uns, an denen das feindliche Artilleriefeuer auch keine Minute mehr stockte.

Bei diesem furchtbaren Feuer hätte nach menschlicher Berechnung kein Einziger von uns am Leben bleiben dürfen. Aber wie durch ein Wunder blieben unsere Menschenverluste gering. Die japanische Artillerie schoß vorzüglich, was auch nicht überraschte, da ein Teil ihrer Artillerieoffiziere bei uns in Jüterbog auf Schießschule gewesen war. Aber ihre Munition war schauderhaft. Und das war unser Glück.

Trotz des starken Feuers und der schweren Steilfeuergeschütze ist es ihnen keinmal gelungen, eine Kasematte, einen der bombensicheren Räume oder ein Infanteriewerk zu durchschlagen. Dieses und eine enorme Anzahl von Blindgängern war der Grund unserer geringen Verluste. Und den Nörglern in Deutschland, die ich leider getroffen habe, die meinten, der geringen Verlustzahl wegen wäre Tsingtau nichts Rechtes gewesen, möchte ich eines vor Augen halten:

Wir hatten nur eine Verteidigungslinie mit fünf kleinen Infanteriewerken, einer Brustwehr und einem kümmerlichen, schmalen Drahthindernis.

Diese Linie war sechstausend Meter lang und wurde von dreitausend Mann gehalten. Eine zweite Stellung und eine zweite Linie, und vor allen Dingen Menschen, die diese hätten besetzen können, gab es nicht mehr, denn wir waren ja im ganzen nur etwas über viertausend Mann!

Und als daher nach diesem achttägigen, schwersten Artilleriefeuer das Drahthindernis weggeblasen war und die Brustwehr weggeschossen, da war es den dreißigtausend Japanern, denen wir wochenlang standgehalten hatten, ein leichtes, durchzustoßen und Tsingtau zur Übergabe zu zwingen.

In den ersten Tagen des November bereiteten wir uns auf den Endkampf vor.

Am ersten November nachts wurde unser treuer Bundesgenosse, der österreichische Kreuzer „Kaiserin Elisabeth“, nachdem er seine letzte Granate verschossen hatte, von seiner wackeren Besatzung in die Luft gesprengt und versenkt.

Einige Tage darauf folgte ihm unser letztes Schiff: das tapfere kleine Kanonenboot „Jaguar“.

Dann folgten unser Dock und unser Riesenkran, und bald darauf war die Werft ein Trümmerhaufen.

Unsere Geschütze hatten sich verschossen, einige waren durch das feindliche Artilleriefeuer vernichtet, die meisten sprengten wir selbst in die Luft, nachdem sie ihre Pflicht erfüllt hatten.

Am fünften November Neunzehnhundertvierzehn mußte auch ich ans Zerstören gehen, und zwar galt es diesmal meinem Doppeldecker. Durch mühsamste Arbeit hatte ich mit Hilfe des früheren österreichischen Fliegerleutnants Clobuczar und der Werft einen wundervollen, großen Wasserdoppeldecker gebaut. Dieser war nun fertiggeworden, ich wollte ihn jetzt einfliegen und mit ihm meine Erkundungen fortsetzen, da ich meinen Landflugplatz, der, nur vier- bis fünftausend Meter vom Feinde entfernt, von diesem dauernd unter Artilleriefeuer gehalten wurde, nicht mehr benutzen konnte.

Nun wurde doch nichts mehr aus meinem Doppeldecker. All unsere Arbeit und Mühe war leider vergebens gewesen.

Dann am Nachmittage, da stand ich vor meinem Gouverneur, und er sagte zu mir:

„Wir erwarten stündlich den Hauptsturm der Japaner! Sehen Sie zu, daß es Ihnen gelingt, morgen früh die Festung auf Ihrem Flugzeuge zu verlassen. Ich fürchte allerdings, der Japaner wird Ihnen keine Zeit mehr dazu lassen.

Und nun, Gott befohlen, und kommen Sie gut durch. Und haben Sie Dank für die Arbeit, die Sie für Tsingtau leisteten!“ Und damit gab er mir die Hand.

„Ich melde mich gehorsamst aus der Festung!“

Damit war ich entlassen.

Und nun folgte ein kurzes Abschiednehmen von meinen Vorgesetzten und Kameraden, und ein großer Stoß Privatbriefe wurde mir mitgegeben.

Dann ging ich zum letzten Male in meine Villa und nahm Abschied von meinen Räumen, von vielen liebgewordenen Gegenständen, machte meine Stalltür auf und ließ mein Pferdchen und meine Hühner laufen, und dann ging's runter zu meinem Flugzeug, um es zu seinem letzten Fluge klarzumachen.

Dann saß ich über meine Karte gebeugt, lernte sie fast auswendig und rechnete und rechnete.

Und dann ging ich nachts hinauf, zum letztenmal zu der Punktkuppe, wo mein guter Freund, der Oberleutnant zur See Aye, seit Wochen trotz schwersten Artilleriefeuers bei seiner kleinen Batterie ausharrte und von wo aus man einen herrlichen Ausblick über ganz Tsingtau und das gesamte Vorgelände hatte. Überwältigt von dem Anblick, der sich hier bot, blieb ich lange Zeit wie gebannt auf der höchsten Felsspitze sitzen. Unter mir wogte ein züngelndes Heer greller Blitze, die von den Mündungsfeuern der wütend hämmernden feindlichen Geschütze herrührten; und wie ein goldenes Band zog sich von Meer zu Meer das Gewehr- und Maschinengewehrfeuer, welches unsere Leute dort unten im Tale abgaben. Dicht über meinem Kopfe da war ein Fauchen, Zischen und Sausen von Tausenden der schwersten Geschosse, welche ganz dicht über diese Kuppe hinwegfegen mußten, damit sie ihr Ziel noch erreichen konnten. Hinter mir dröhnten unsere eigenen Haubitzen ihre allerletzten Grüße herüber, und von ganz weither, vom letzten Südzipfel Tsingtaus, grollten die Einundzwanzig-Zentimeter des Forts Hsiauniwa ihren ehernen Schwanengesang.

Zerwühlt im Innersten meiner Seele, kehrte ich zu Aye zurück, und nach einem herzlichen kameradschaftlichen Abschiede, bei dem er mir zu meinem kommenden Fluge alles Gute wünschte, drückten wir uns kräftig die Hand und trennten uns.

Ich war der letzte Offizier in Tsingtau, der ihm die Hand geschüttelt hat. Wenige Stunden später fiel er in heldenmütigem Kampfe gegen dreißigfache Übermacht samt seiner kleinen Schar, als sie die Geschütze nicht übergeben wollten.

Ein leuchtendes Beispiel edlen Heldentums.

Die mir jetzt noch bleibende Zeit blieb ich mit meinen vier braven Leuten bei meinem Flugzeuge klar stehen, um jeden Augenblick, falls die Japaner stürmen und durchstoßen würden, meinen Auftrag ausführen zu können.

Am sechsten November Neunzehnhundertvierzehn frühmorgens, als der Mond noch hell schien, stand mein Flugzeug klar am Start, und vergnügt brummte der Propeller sein Morgenlied. Zeit war nicht mehr zu verlieren. Der Platz war dadurch, daß er von den Japsen unter Granat- und Schrapnellfeuer gehalten wurde, höllisch ungemütlich geworden. Kurz prüfte ich nochmals meine ganze Maschine, dann gab's noch einen kräftigen Händedruck meiner vier braven Leute zum Abschied, und noch einmal streichelte ich den Kopf meines treuen Hundes, dann gab ich Vollgas, und wie ein Pfeil schoß die Taube in die Nacht hinaus. Da plötzlich, als ich eben dreißig Meter hoch und etwa über der Mitte des Platzes war, erhielt mein Flugzeug einen furchtbaren Stoß, und nur mit eiserner Faust konnte ich die Maschine zur Ruhe zwingen und vor dem Absturz bewahren. Eine feindliche Granate war gerade unter mir krepiert, und der Luftdruck der Detonation hätte mich beinahe zu Boden geschleudert.

Aber gottlob ! Außer einem faustgroßen Loch, das ein Granatsplitter in meine linke Tragfläche gerissen hatte, war kein Schaden angerichtet.

Nun kamen nur noch die üblichen Schrapnells hinter mir her. Das waren die letzten Abschiedsgrüße der Japaner und ihrer englischen Bundesbrüder für mich.

Als ich hoch genug war, drehte ich noch einmal um.

Da lag das liebe, kleine Tsingtau, das so viel durchgemacht und so viel noch auszuhalten hatte, unsere geliebte zweite Heimat, das Paradies auf Erden!

Bis in meine einsame Höhe drang das Dröhnen der Geschütze, das Krachen der Granaten und das Knattern der Gewehre und Maschinengewehre.

Ein unendliches Meer von aufzuckenden Blitzen ließ deutlich die beiden Kampflinien erkennen. Das alles waren die Anzeichen des begonnenen Sturmangriffes und der verzweifelten Gegenwehr.

Ob wir diesen dritten Sturmangriff auch noch aushalten würden?

Mit der Hand winkte ich nach unten. Leb wohl, Tsingtau! Lebt wohl, ihr treuen Kameraden, die ihr dort unten kämpft!

So unendlich schwer wurde mir dieser Abschied, es würgte mir etwas in der Kehle, und schnell riß ich mein Flugzeug herum und nahm Kurs auf Kap Jäschke.

Und als die Sonne in all ihrer Pracht aufging, schwebte ich schon hoch oben im blauen Äther und über südlich liegenden wilden Gebirgen.

Der modernste „Blockadebruch“ war mir gelungen!

Im Schlamm des chinesischen Reisfeldes

Hinter dem Perlgebirge lag die feindliche Flotte vor Anker. Da konnte ich's mir nicht versagen: ich umkreiste die Schiffe noch einmal.

Dann ging es weiter und immer weiter mit fast geradem Kurs dem südlichen China zu, einem unbekannten Lande und einem ungewissen Schicksal entgegen. Ich kam über zerklüftete, wilde Gebirge, über Flüsse und weite Ebenen, dann zeitweise über das offene Meer und über Städte und Dörfer.

Nach einer handgroßen Karte und meinem Kompaß orientierte ich mich. Und schon um acht Uhr früh hatte ich die zweihundertfünfzig Kilometer hinter mir und mich glücklich nach meinem Bestimmungsort Hai-Dschou in der Kiangsuprovinz zurechtgefunden.

Suchend spähte ich in die Tiefe nach einem geeigneten Landungsplatz. Doch damit sah es bös aus.

Durch die furchtbaren Regengüsse der letzten Zeit war das Land weit und breit überschwemmt. Die einzigen trockenen Fleckchen waren mit Häusern oder chinesischen Grabhügeln bedeckt. Endlich hatte ich ein kleines, etwa zweihundert Meter langes und zwanzig Meter breites Feld entdeckt, das aber auf beiden Seiten von tiefen Gräben und hohen Mauern, vorn und hinten vom Fluß eingeschlossen war.

Die Landung war verdammt schwer.

Aber was half es, ewig oben bleiben konnte ich doch nicht. Außerdem befand ich mich ja mitten in China und nicht in Deutschland und wahr froh, überhaupt noch diesen Platz gefunden zu haben.

Jetzt ging ich herunter in großen Spiralen, und nach einem steilen Gleitfluge, bei dem die Maschine infolge der erhitzten Luft schwer durchsackte, stand ich um acht Uhr fünfundvierzig Minuten früh mitten auf dem morastigen Reisfeld.

Der Lehm war aber so weich und zäh, daß mein Fahrgestell glatt versank und die Räder festgehalten wurden; und mit einem mächtigen Stoß sauste meine Maschine auf die Nase, sich im letzten Moment beinahe noch überschlagend.

Der Propeller flog in Stücke, aber meine Glieder waren trotz des Stoßes Gott sei Dank heil geblieben.

Die Ruhe jetzt um mich herum berührte mich ganz eigenartig. Seit Wochen endlich wieder kein Dröhnen der Geschütze, kein Krachen krepierender Granaten, kein Fauchen und Bellen zerplatzender Schrapnells.

Mit dem Schwänzchen hoch in der Luft und dem Schnabel tief im Dreck stand friedlich und ruhig mein Täubchen im Sonnenschein.

In weiter Entfernung drängten sich Haufen von Chinesen: Männer, Weiber und viele, viele Kinder, in angsterfülltem Staunen.

Sie alle, wie auch alle anderen Chinesen, deren Land ich überflogen hatte, konnten das Wunder kaum fassen, denn ich war ja der erste Flieger hier, und alle dachten, der böse Geist käme in eigenster Person, um nun Unheil zu stiften.

Als ich gar aus meiner Maschine kletterte und versuchte, einige Menschen heranzuwinken, war kein Halten mehr. Schreiend und heulend lief alles davon, die Männer voran, ihre hingefallenen Kinder nach ihrer Meinung dem Teufel als Opfer zurücklassend. Wirklich, mein Erscheinen hätte im dunkelsten Afrika keinen größeren Schrecken hervorrufen können.

Kurz entschlossen lief ich hinter der Horde her und griff mir drei, vier Chinesen bei ihren Zöpfen und schleppte die Heulenden an mein Flugzeug heran, um ihnen zu zeigen, daß der große Vogel keinem was täte.

Nach einiger Zeit half das, und als ich ihnen sogar einige Geldstücke gab, da meinten sie, es wäre doch wohl ausnahmsweise mal ein guter Geist angeschwirrt gekommen, und willig halfen sie mir, das Flugzeug wieder in horizontale Lage zu bringen. Als die anderen das merkten, da kamen sie gleich in solchen Massen, daß ich mich wunderte, daß die Maschine nicht zerdrückt wurde.

Das Staunen der Chinesen! Das Antasten und Befühlen! Das Schnattern und Lachen!

Nur wer die Chinesen kennt und weiß, wie kindlich sie sein können, kann sich vorstellen, in welch köstlicher Situation ich mich befand.

Umtost von einer Horde Naturkinder, saß ich quietschfidel in meinem Führersitz auf meinem Blechkasten mit den Geheimdokumenten, neben mir zur Sicherheit die Mauserpistole, und wartete der Dinge, die da kommen sollten.

Jeder Versuch, mich mit den Chinesen zu verständigen, war aussichtslos. Die Kerls grinsten fröhlich oder lachten mich einfach aus.

Aus dieser heiteren Lage befreite mich nach einiger Zeit ein kräftiges: „Good morning, Sir !“, und neben mir stand ein Herr, der sich als Dr. Morgan von der Amerikanischen Mission vorstellte. Nach herzlicher Begrüßung und festem Händedruck klärte ich Dr. Morgan schnell über meine Lage auf und bat ihn, besonders da er fließend Chinesisch sprach, um seine Hilfe.

Ich merkte bald, daß ich mich in gutem und sicherem Schutz befand.

Mein riesiger chinesischer Paß, den ich aus Tsingtau mitbekommen hatte, wurde sofort zum Mandarin geschickt; nach einer Stunde kam ein Trupp von vierzig Soldaten aus der nur zehn Minuten entfernt gelegenen Kaserne und wurde zur Bewachung um mein Flugzeug aufgestellt.

Jetzt nahm ich die Einladung Dr. Morgans zum Frühstück gern an, und mit allen Sachen, die nicht niet- und nagelfest waren, zog ich mit ihm zur Mission.

Ich wurde hier aufs reizendste aufgenommen und lernte Frau Morgan, ferner Frau Rice, die Gattin des amerikanischen Missionars, und einen Herrn G. kennen, die sich alle auf das liebenswürdigste um mich bemühten.

Ich saß gerade beim Frühstück, als mir ein chinesischer Offizier gemeldet wurde, der mir sagte, daß eine Ehrenwache von einer Kompanie für mich vor dem Hause aufgezogen wäre und daß er von seinem Mandarin Befehl hätte, sich nach meinen Wünschen und meinem Wohlbefinden zu erkundigen, und endlich, daß der Mandarin selbst in einer halben Stunde seinen Besuch persönlich bei mir abstatten würde.

Ich war erfreut über so viel Aufmerksamkeit.

Bereits nach zehn Minuten kam wiederum Besuch, und diesmal waren es die Stadtoberhäupter von Hai-Dschou, die mir ihre Grüße überbringen wollten.

Die Situation war einzig. Ich saß inmitten dieser alten, ehrwürdigen Chinesen, nachdem vorher unendlich viele tiefe Verbeugungen unter Gemurmel und Gezisch ausgetauscht waren.

Die Unterhaltung wurde bald recht lebhaft. Als Dolmetscher arbeitete dabei Herr Morgan.

Und nun ging das Gefrage los: Woher ich käme, wie es in Tsingtau aussähe, ob es wirklich wahr sei, daß ich durch die Luft gekommen, wie lange ich gebraucht hätte und was für ein Zauber es erwirkt hätte, daß ich fliegen könne. All die vielen Fragen ließen sich kaum beantworten, und trotzdem der Dolmetscher sich die größte Mühe gab, viel verstanden haben die guten Söhne des Landes der Mitte nicht.

Ein kleiner Zwischenfall ereignete sich auch.

Noch während wir bei der Unterhaltung saßen, wurde der Hausfrau ein Besuch angekündigt, und vorbei huschten und trippelten zehn bis zwölf allerliebste kleine Chinesinnen, in prachtvollste, buntseidene Höschen und Gewänder gehüllt. Zwei, drei dieser Geschöpfchen blieben vor Neugier und Schrecken an der offenen Tür des Zimmers, in dem wir Männer saßen, stehen und guckten mich mit offenen Mäulchen und großen, erstaunten Augen an. Ein kurzer Zuruf von Frau Morgan ließ sie erschrocken auseinanderfahren und fortlaufen. Den Grund dieses eigenartigen Verhaltens erfuhr ich später. Für eine vornehme Chinesin ist es ein großer gesellschaftlicher Fehltritt, wenn sie durch ihre Neugier und durch ihren Anblick einen männlichen Gast beleidigt!

Die drei Sünderinnen erhielten auch eine ernste Strafpredigt. Ich muß sagen, daß ich über diese Sitte nicht erfreut war, denn gern hätte ich mir diese allerliebst aufgeputzten Dämchen recht genau angesehen.

Meine Wirtin erzählte mir auch, wie sie von den Chinesinnen mit Fragen bestürmt worden wäre. Vor allem wollten diese wissen, was das heute morgen für ein böser Geist gewesen wäre, der so schreiend und brummend ihre Stadt bedroht hätte. Als ihnen gesagt wurde, daß darin ein Mensch gesessen hätte, der aus Tsingtau käme, da lachten sie einfach und meinten: nein, wenn sie auch dumm wären und die Weißen sie immer anführten, so dumm wären sie doch nicht, solch einen Unsinn zu glauben!

Jedenfalls, versicherte mir Frau Morgan, würden sämtliche Fehlgeburten, Mißernten und Fehlschläge der nächsten zwei Jahre von den abergläubischen Chinesen dem Erscheinen meines Flugzeuges zugeschrieben werden, und besonders die Medizinmänner würden die Sache für sich ausnutzen.

Gegen elf Uhr vormittags erschien unter großem Tamtam, Getrommle und Getute der Herr Mandarin in eigenster Person. Außerordentlich wohlgenährt, den Kopf tadellos rasiert, in prachtvollem seidenen Gewande schritt er mit großer Würde einher. Die Begrüßung war äußerst feierlich. Die tiefen, fast bis zur Erde reichenden Verbeugungen wollten kein Ende nehmen.

Nachdem der Mandarin sich nach meinem Befinden und nach meinen Wünschen erkundigt hatte, sicherte er mir in liebenswürdigster Weise seine vollste Unterstützung zu und verabschiedete sich.

Sein Heimweg geschah in gleich feierlicher Weise.

Sobald ich meinen amtlichen Gegenbesuch gemacht hatte und vom Mandarin zum Abendessen eingeladen worden war, ging ich an das Abmontieren meines Flugzeuges.

Doch das war leichter gesagt als getan. Ich selber hatte nur einen Schraubenschlüssel mit und suchte nun nach Werkzeugen. Ach, ich befand mich ja in China, in einer

Gegend des Landes, wo es noch genau so aussah wie vor tausend Jahren und Schraubenschlüssel und Schraubenzieher etwas Unbekanntes waren.

Endlich entdeckte ich in der Amerikanischen Mission eine Axt und ein kümmerliches sägenähnliches Ding.

Damit ging es an die Arbeit, und da ich wenigstens meinen treuen hundertpferdigen Mercedesmotor vor der Vernichtung retten wollte, hieb und sägte ich ihn vom Rumpfe ab. Jetzt zeigte sich, was gute deutsche Arbeit war. Ganze vier Stunden brauchte ich, ehe der Motor abgeschlagen dalag, so fest war alles gebaut.

Um den Gesetzen der Neutralität nachzukommen, gab ich den Motor dem Mandarin zur Aufbewahrung ab.

Dann kam das Traurigste.

Da das übrige Flugzeug selbst mit abgenommenen Tragflächen in kein Stadttor und in keine Straße der Stadt hineinpaßte, mußte ich es dem Flammentod übergeben. Ich übergoß es mit Benzin, zündete es an, und sofort ging es in hellen Flammen auf und verbrannte restlos.

Mir war zumute, als ich meine wackere Taube brennen sah, wie wenn ich einen lieben, treuen Kameraden verlöre.

Die Fischvergiftung des Mr. McGarvin

Am Abend ging's zum Mandarin.

Als ich aus meiner Tür trat, strahlte der ganze Hof von Fackeln und unzähligen großen Lampions. Die Wache war ins Gewehr getreten und präsentierte, die Trommeln wirbelten, und die Musikanten machten ihre wohl nur für Chinesenohren angenehm klingende Musik. Ja, der Mandarin hatte mir sogar seine eigene Sänfte zur Benutzung gesandt.

Ich werde diesen Abend niemals vergessen.

Ich saß in meiner mit blauer Seide und Fenstern mit Vorhängen ausgestatteten Sänfte, die von acht prächtigen Burschen getragen wurde. Vorneweg, an den Seiten und hinter der Sänfte marschierten Soldaten mit aufgepflanztem Gewehr und Dutzende von Läufern mit riesigen Lampions. Sanft wiegte die Sänfte auf und ab bei den kräftigen Schritten der Träger. Alle zehn Minuten gab der vorderste von ihnen ein Signal durch lautes Aufklopfen seines Stabes auf die Erde, die Sänfte hielt, die Träger hoben die Tragstangen auf die andere Schulter, und weiter ging's im Geschwindschritt.

Nach vierzig Minuten waren wir vor dem Palast des Mandarins angelangt. Ohrenbetäubende Musik, Kommandorufe und heller Lampion- und Fackelschein empfingen mich auch hier. Die mittleren Türen der riesenhaften Tore flogen vor mir auf, und vor dem letzten Tor kam mir der Mandarin persönlich zum Empfang entgegen.

Mehrere hohe Würdenträger und einige Generale waren bereits versammelt, und nach zeremonieller Begrüßung gab es den üblichen grünen, dünnen Willkommenstee, bei welcher Gelegenheit ich dem Mandarin zum Zeichen meines Dankes meine Mauserpistole nebst Munition als Geschenk überreichte.

Der Mann war sichtlich erfreut, und wohlgemut setzten wir uns zu Tisch. Eine riesige, runde Tafel, bedeckt mit einigen fünfzig Schüsseln, in denen die größten chinesischen Leckerbissen schwammen, empfing uns. Um mich als Gast auszuzeichnen, erhielt ich Messer und Gabel, und dann ging die Arbeit los. Nur sechsunddreißig Gänge habe ich zählen können. Und was gab es da alles! Von den zartesten Schwalbennestern zu den feinsten Haifischflossen, vom Zuckerrohrspitzensalat bis zum delikatesten Hühnerragout war nichts vergessen. Von allem mußte ich kosten. Und der Mandarin war unermüdlich, mir aufzulegen. Ja, manchmal, wenn er einen guten Bissen auf seinem Teller hatte, faßte er ihn mit seinen Fingern und legte ihn mir auf meinen Teller. Zu trinken gab es Flaschenbier, welches doch schon seinen Weg in die hiesige Gegend gefunden hatte, dazu Reisschnaps.

Die schwerste Arbeit hatte wieder Herr Morgan, welcher die lebhafteste, oft der Komik nicht entbehrende Unterhaltung zu verdolmetschen hatte.

Die Kämpfe um Tsingtau, die Verluste der Japaner und Engländer und die Fliegerei interessierten die Chinesen am meisten. Das Fragen nahm kein Ende.

Äußerst herzlich und dankbar verabschiedete ich mich von meinem Mandarin, und am nächsten Tage mußte ich auch von meinen liebenswürdigen Gastgebern Abschied nehmen.

Als ich im Flugzeug landete, hatte ich nur eine Zahnbürste, ein Stück Seife und meinen Fliegeranzug, aus Bordjakkett mit Schärpe und Gamaschen bestehend, bei mir. Einen Zivilsportanzug hatte ich außerdem im Flugzeug mitgenommen. Diesen Anzug legte ich jetzt an. Das fünfjährige Töchterchen des Missionars schenkte mir dazu ihr altes abgeschabtes Filzhütchen als Ersatz für meine Sportmütze, die mir ein Chinese, während ich mein Flugzeug abtakelte, gestohlen hatte, und gegen Abend wurde ich unter wiederum großen Zeremonien zu der kleinen, mir vom Mandarin zur Verfügung gestellten Dschunke geführt.

Meine Begleitung und gleichzeitig Ehrenwache auf der kommenden Fahrt bestand aus dem chinesischen General

Liu, der sich als Piratenbekämpfer bereits einen Namen geschaffen hatte, aus zwei Offizieren und fünfundvierzig Mann außer dem Bootspersonal. Zum Umfallen müde nach all dem Durchgemachten, ging ich in mein kleines Holzkämmerchen, wo ich zu meiner Überraschung und Freude statt einer Holzpritsche einen herrlichen Schlafsack mit Decken und Matratze vorfand, den mir die fürsorgliche Missionarsfrau an Bord gesandt hatte. Ohne diese Sachen wäre es mir wohl schlecht ergangen in meinem dünnen Sportanzügelchen. Es herrschte grimmige Kälte, durch große Ritzen und Löcher pfiff der Wind, und durch die Decke konnte ich den Sternenhimmel sehen.

Und während meine Gedanken weit nördlich bei meinen tapferen Kameraden in Tsingtau weilten und sich mit deren und Tsingtaus Schicksal befaßten und ich darüber nachdachte und dem gütigen Schicksal dankte, daß es mir vergönnt gewesen war, durch all die schweren Kämpfe und Gefahren und all das Erlebte unversehrt durchzukommen, um meine Aufgabe bis zum letzten Tage zu erfüllen, kam endlich der Schlaf und schloß mich in seine sicheren Arme.

Die Fahrt ging nur langsam vorwärts. Die Dschunken wurden von zwei Kulis mit einer Leine, die oben an der Mastspitze befestigt war, längs des Ufers stromaufwärts gezogen. Die erste Strecke bis Bampu, die ich in meinem Flugzeuge in knapp zwanzig Minuten zurückgelegt hätte, wurde in eineinhalb Tagen bewältigt! Später ging es besser, und besonders als der Wind günstig wurde und wir segeln konnten. Fünf volle Tage hat diese Reise gedauert, um von Hai-Dschou bis Nanking zu gelangen.

Die Fahrt war außerordentlich interessant für mich. Sie führte durch ein Netz von Flüssen bis zum alten berühmten Kaiserkanal und durch diesen zum Jangtsekiang bis nach Nanking. Wir durch fuhren eine Gegend, die wegen des Piratenunwesens berüchtigt war, und passierten Städte, die niemals ein europäischer Fuß betreten hatte. Am Tage, während die Dschunke getreidelt werden mußte, ging ich mit meinem General und der Hälfte der Wache am Ufer nebenher und sah mir besonders eingehend die äußerst interessanten Städte und darin das von keiner europäischen Kultur berührte chinesische Gewühl an. Zu hellen Haufen liefen die chinesischen Männer, Weiber und Kinder aus ihren Häusern, sahen mich, der ich meist ohne Hut ging, voll Verwunderung an, ja einzelne berührten mich, um sich davon zu überzeugen, daß ich wirklich ein Mensch sei.

Meine hellblonden Haare und blauen Augen schienen ihnen das größte Rätsel zu sein.

Meine Spaziergänge und der Aufenthalt auf der Dschunke verliefen ziemlich schweigsam. Mein liebenswürdiger General war zwar recht gut europäisch angezogen, aber um die Hosen an den Fußgelenken hatte er sich doch die typischen chinesischen Bänder gewickelt, und von seinem Hinterkopf baumelte ein prächtiger langer Zopf, der kokett durch den Gürtel des Jacketts gesteckt war. Außer Chinesisch verstand der gute Mann auch nicht ein Wörtchen einer anderen Sprache, und mir ging es so mit dem Chinesischen.

Bei unseren Mahlzeiten, die recht opulent waren, nur furchtbar nach Zwiebel und Knoblauch schmeckten, saßen wir beide uns in dem kleinen Dschunkenkämmerlein gegenüber, lachten uns ab und zu freundlich an, und das war die ganze Unterhaltung.

Endlich, am elften November, langten wir in Jangdschou-fou an, und man kann sich wohl vorstellen, mit welcher Gier ich mich auf die erste Zeitung stürzte.

Voll Erregung, endlich etwas über das Schicksal Tsingtaus zu erfahren, durchflog ich die Seiten der „Shanghai Times“. Da, auf der zweiten Seite der Name Tsingtau! Aber nein, das war doch gar nicht möglich, so etwas konnte es doch nicht in der Welt geben! Und voll Ekel und Abscheu las ich:

Tsingtaus feige Übergabe.

Die Festung ohne Schwertstreich genommen.
Die ganze Besatzung betrunken und plündernd.

Und dann kam so viel unflätiger Dreck, so viel gemeine Lüge, daß ich voll Verachtung die Zeitung fortwarf. So etwas wagten die Engländer über unsere tapferen Verteidiger zu behaupten?

Ach, ich kannte ja die englischen Zeitungen noch nicht! Später habe ich mich in Schanghai und dann in Amerika bei den amerikanischen Zeitungen an ganz was anderes gewöhnen müssen, von England ganz zu schweigen.

Nun hatte ich aber wenigstens Gewißheit über Tsingtaus Schicksal, das unvermeidlich kommen mußte. Auch nicht einen Augenblick zu früh hatte ich die Festung verlassen, kurze Zeit darauf mußte sie sich der Übermacht ergeben.

Am Nachmittage dieses elften November Eintausendneunhundertvierzehn trafen wir glücklich in Nanking ein.

Auf dem Bahnhof wurde mir vom Kapitänleutnant Brunner, dem Kommandanten des Torpedobootes S 90, und von seinen Offizieren ein herzlicher Empfang zuteil.

In Wagen fuhren wir zu dem Gebäude, in dem die Offiziere und Mannschaften von S 90 untergebracht waren und wo zu meinem allergrößten Erstaunen auch für mich schon eine Koje klar gemacht war. Auf mein erstauntes Fragen wurde mir dann von meinen Kameraden mitgeteilt, daß ich ebenfalls interniert werden sollte und alle sich schon gefreut hätten, den vierten Mann zum Skat zu haben. Erstens mal spiele ich keine Karten, was ich auch laut zum Ausdruck brachte; zweitens dachte ich über die Frage der Internierung ganz anders, was ich aber für mich behielt.

So zog ich denn mit meinem General Liu zu dem Palast des Gouverneurs von Nanking. Leider, oder vielmehr zu meinem Glück, war der Herr Gouverneur nicht zu sprechen. Ein alter chinesischer Arzt empfing mich sehr freundlich, wünschte mir ein weiteres Wohlergehen und daß ich mich in Nanking wohl fühlen möchte.

Ich dankte ihm für das Wohlergehen, hatte aber meine eigene Ansicht über das Wohlfühlen!

Nun verabschiedete ich mich von meinem General Liu, der sichtlich froh war, seine Mission erfüllt zu haben, und als ich in meinen Wagen stieg, da setzte sich ein chinesischer Soldat in vollem Dienstanzug zu mir.

Auf meine erstaunte Frage, was das zu bedeuten habe, antwortete er mir in leidlichem Deutsch: er sei mein „Ehrenposten" und wäre mir zu meinem Schutze beigegeben, und er würde mich von nun ab auf allen meinen Wegen begleiten.

Na, der Tobak war doch ein bißchen zu stark!

Das war gegen die Verabredung!

In Hai-Dschou war mir ausdrücklich versichert worden, daß die Fahrt nach Nanking lediglich eine Formsache wäre und ich dann vollständig frei sein würde.

Hier wollte man mich also internieren?

Da mußte ich schnell handeln, bevor mir einer der Chinesen etwas über Internieren sagen konnte und mich meiner Freiheit beraubte. Das Unangenehmste war der „Ehren"-Posten, aber Mittel und Wege mußte ich finden.

Am Abend dieses Tages waren wir Offiziere alle bei einem deutschen Bekannten eingeladen. Mein Plan stand fest. Nach einigen gemütlichen Stunden, während deren ich immer wieder von Tsingtaus letzten Tagen erzählen mußte, brachen gegen zehn Uhr abends die Offiziere bis auf meine Wenigkeit auf und gingen, gefolgt von ihren treuen Posten, nach Hause. Eine halbe Stunde später war es auch für mich die höchste Zeit zu verschwinden, wenn ich noch entkommen wollte.

Als mein Gastgeber aus der Haustür heraustrat, wer stand da vor ihm? Mein gelber Wächter!

Nun war Holland in Not! Aber kurz entschlossen schickte ich unseren Boy zu dem Wächter und ließ ihn fragen, was er eigentlich hier wolle, die Herren wären ja längst weg, er solle nur laufen, um sie noch einzuholen, sonst würde er womöglich wegen seiner Unaufmerksamkeit bestraft werden.

Und während dieser arme Kerl mit hängender Zunge den anderen nachlief, fuhr ein verschlossener Wagen vor, in dem ich Platz nahm und mit äußerster Kraft zum Bahnhof fuhr, wo der neueröffnete Expreßzug bereit stand. Das letzte freie Bett konnte ich gerade noch erhaschen. Mein Schlafkupee war bereits verschlossen, und auf mein energisches Klopfen öffnete ein langer Engländer, der wegen der Störung ein wütendes Gesicht schnitt. Ich behandelte ihn natürlich wie Luft, und eins, zwei, drei war ich in der oberen Koje, drehte das Licht aus und tat so, als ob ich mich auszöge. In Wirklichkeit verkroch ich mich recht tief in meine Decken und Kissen, fest entschlossen, wenn jemand etwas von mir wolle, nicht aufzuwachen. Nicht einen Augenblick habe ich während dieser achtstündigen Fahrt geschlafen.

So oft der D-Zug hielt, kroch es kalt über meinen Rükken, und ich dachte: Ha, jetzt holen sie dich! Und wenn gar draußen viele Stimmen laut wurden, dann war ich überzeugt, daß meine letzte D-Zug-Fahrt in diesem Kriege gekommen wäre.

Nichts ereignete sich. Den Gebrauch des Telegraphen zu Verhaftungen schienen die Chinesen Gott sei Dank noch nicht zu kennen, und so lief planmäßig um sieben Uhr früh der Zug in Schanghai ein. Jetzt kam noch die gefährliche Klippe der Bahnsperre; sie wurde überwunden.

Dann kam eine schnelle Fahrt im Rickschah durch den chinesischen Stadtteil, in dem die chinesischen Behörden noch Gewalt über mich hatten, und endlich bog mein Wägelchen in die Europäerstadt ein.

Hurra, ich war frei!

Nun konnte keiner mehr was von mir wollen.

Hocherfreut fuhr ich zu einem deutschen Bekannten, der mich in liebenswürdigster Weise aufnahm.

Drei volle Wochen blieb ich in dieser Stadt, ehe es mir nach vielen Mühen gelang, meine Reise fortzusetzen.

Drei volle Wochen voller Erlebnisse und voller Gefahren des Gefangenwerdens, voll von Versteckspielen.

Was war natürlicher, als daß ein Oberleutnant zur See P. nicht bekannt war und auch der Herr Meyer, der einige Tage da gewohnt hatte, abgereist war?

Daß ein Mr. Scott für einige Tage gute Bekannte besuchte, das ging doch keinen was an. Aber ich mußte nun vorsichtig sein. Besonders, da ich außerordentlich viel Leute in Schanghai kannte, zum Teil auch Engländer usw., die noch kurz vor dem Kriege mit mir in Tsingtau zusammengewesen waren.

Vier bis fünf Namen hatte ich abwechselnd und logierte abwechselnd bei meinen Bekannten.

Da konnten die Chinesen einmal suchen!

Das Schwierigste war: wie nach Amerika kommen? Alles hatte ich versucht, nichts hatte Erfolg. Nur einmal wäre ich beinahe mit einem englischen Schiff fortgekommen. Das war eine lustige Begebenheit. Einer meiner Freunde kannte den Reedereibesitzer, einen englischen Juden, Mr. Penny, sehr gut. Mit diesem Bekannten zog ich eines Tages zu Herrn Pfennig und versuchte mein Glück. Ich hatte einen einfachen Anzug angezogen, sah ziemlich verwahrlost aus und machte einen ängstlichen, verprügelten Eindruck. Mein Freund ließ uns anmelden, und nach einiger Zeit durften wir vor dem strengen Gesicht des Herrn Pfennig, eines dicken, fetten Frosches, erscheinen. Die beiden Herren schienen sich gut zu kennen, und die Begrüßung war dementsprechend.

Ich blieb ganz bescheiden an der Türe stehen, sah beschämt auf meine zerrissenen Schuhe und drehte mein Hütchen in der Hand und verstand selbstverständlich von der ganzen englisch geführten Unterhaltung kein Wort.

Mein Freund fing an:

„Herr Pfennig, ich komme mit einer großen Bitte zu Ihnen, ich habe hier einen Lausebengel mit mir, dessen Vater ich gut kenne und der früher ein guter Geschäftsfreund von mir gewesen ist. Dieser Bengel nun, der erst siebzehn Jahre alt ist, kniff seinem Vater wegen einer Mädelgeschichte aus und hat sich als Schiffsjunge herumgetrieben, bis er hier gänzlich mittellos und sein Unrecht einsehend bei mir strandete. Ich möchte nun den Jungen, der übrigens Schweizer ist und kaum ein Wort Englisch versteht, nach Europa zurückschicken und wollte Sie fragen, ob Sie nicht auf einem Ihrer Dampfer einen Platz als Küchenjunge frei hätten. Damit ihm ein für allemal seine Flausen vergehen, wäre ein grober Kapitän ganz angebracht und ebenso entsprechende Arbeit."

Herr Pfennig würdigte mich während dieser Zeit kaum eines Blickes, nur ab und zu sah er mich verächtlich an, und ich schien unter seinen Blicken sichtlich zu zerknirschen. „Ja," sagte er, „für so was habe ich gerade was. Heute nachmittag fährt der Dampfer ‚Goliath' direkt von hier nach San Franzisko (jetzt spitzte ich aber die Ohren!), da kann er mit. Eine Tracht Prügel wird es dann und wann auch setzen, die schadet ihm aber nichts. Ich lasse Ihnen nachher gleich telephonisch Bescheid sagen, wann der Dampfer geht. Sechs Wochen Kartoffelschälen werden dem Jungen wohl guttun."

Wir waren entlassen.

Draußen kniff ich meinem Freunde so toll in den Arm, daß er vor Schmerzen aufschrie, und als wir endlich auf der Straße waren, da hielt ich es nicht mehr aus. Und herausplatzte ich mit einem Lachen, so herzhaft und froh, daß unwillkürlich die Leute, die an uns vorbeigingen, mitlachen mußten. Daß ich während der durchgemachten Szene ruhig bleiben konnte, war ein Wunder. Am Nachmittag erfuhr ich leider, daß der Dampfer wegen der Flut zwei Stunden früher abgegangen wäre. Nun war's Essig, und die Arbeit begann von vorn. Dampfer gingen ja genug, aber das üble war dabei, daß sie alle über Japan fuhren und sich dort mehrere Tage aufhielten.

Das durfte ich nur im äußersten Notfalle wagen.

Aber das Glück ließ mich nicht im Stich. An einem Tage traf ich zufällig einen Freund, mit dem ich vor

Jahren manch lustige Nacht im fernen Osten durchgebummelt hatte. Der war gleich bei der Hand. Und schon nach einigen Tagen hatte er mir die nötigen Papiere besorgt und mir genaue Verhaltungsmaßregeln erteilt. Aus einem Mr. Scott, Meyer oder Brown war plötzlich ein steinreicher vornehmer Engländer geworden mit dem schönen Namen McGarvin. Dieser Herr war Vertreter von Singers Nähmaschinen und reiste von Schanghai zu seinen Fabriken nach Kalifornien.

Was war natürlicher, als daß Mr. McGarvin den nächsten großen amerikanischen Postdampfer benutzte !

An Bord dieses Schiffes gab es nur zwei prachtvolle Luxuskabinen. In der einen wohnte ein amerikanischer Milliardär, in der anderen der Oberleutnant zur See Plüschow, o Verzeihung, was sage ich da, ich meine natürlich: der Singernähmaschinenfabrikant Mc Garvin.

Eine Schwierigkeit war noch zu überwinden: das unbemerkte Entkommen aus Schanghai.

Da halfen mir wieder meine Bekannten aus. Drei Tage bevor der Dampfer ging, nahm ich überall offiziell Abschied und verbreitete, daß ich mich in Schanghai nicht mehr sicher fühlte und nun nach Peking reiste, um bei der Deutschen Gesandtschaft tätig sein zu können. Tatsächlich fuhr ich auch in meinem Wagen um elf Uhr abends zum Bahnhof. Daß der Kutscher allerdings einige Straßen vorher abbog und in scharfem Trab nach Süden fuhr und aus der Stadt heraus, konnte ich nicht wissen.

Woher sollte ich auch Schanghai kennen?

Nach ungefähr zwei Stunden, während deren der Wagen längs des Wusungflusses gefahren war, hielten wir. Zwei mit Revolvern bewaffnete Männer traten an den Wagen heran, eine kurze Parole, ein Handedruck, dann küßte ich voll Ehrerbietung und Dankbarkeit zwei schlanke weiße Frauenhände, die sich mir aus dem Wageninnern entgegenstreckten,und fort sauste das Gefährt. Meine beiden Freunde nahmen mich in ihre Mitte, auch ich zog meinen Revolver, und wortlos stiegen wir in eine bereitliegende Dschunke.

Die Nacht war stockfinster, der Wind heulte, und unheimlich gurgelte das schmutzige dunkle Wasser, welches, von der Ebbe mitgenommen, an uns vorbeischoß.

Mit aller Kraftanstrengung wriggten vier dunkle Chinesengestalten an ihren Riemen, und nach etwa einer Stunde hatten wir viele Kilometer stromabwärts unseren Bestimmungsort am jenseitigen Ufer erreicht.

Lautlos legten wir an, lautlos verschwand die Dschunke, und ebenso lautes schritten wir einem dunklen Gebäude zu, welches inmitten eines kleinen Gartens in der Nähe von riesigen Fabrikgebäuden lag.

Der helle Glanz elektrischer Lampen, der uns entgegenstrahlte, nachdem die Eingangstüren sorgfältig verschlossen waren, blendete grell meine Augen.

Bald sah ich aber, daß ich mich in einer gemütlich eingerichteten Junggesellenwohnung befand. Ein Tisch war gedeckt, und wacker langten wir den köstlichen Speisen zu. Nun wurde der Kriegsplan ausgeheckt.

Die Wohnung gehörte den beiden jungen Leuten, die am Tage in der Fabrik zu tun hatten. Die Bedienung im Hause war selbstverständlich rein chinesisch, und das war gut.

Mein Aufenthalt in diesem Hause mußte unter allen Umständen geheim bleiben, besonders da hier auch noch ein unangenehmer Mann wohnte, der zur „Entente“ gehörte.

Die Angst der Chinesen vor bösen Geistern und besonders den Aberglauben vor Verrückten wollten wir ausnutzen. Meine Aufgabe war einfach die: drei volle Tage den wilden Mann zu spielen.

Ich erhielt ein Zimmerchen, in das ich eingeschlossen wurde. Der Boy wurde von seinem Herrn eingehend instruiert und eingeschüchtert, und so konnte ich sicher sein, daß nichts verraten würde.

Donnerwetter! Ich habe nicht gedacht, daß es so schwer ist, einen Verrückten zu simulieren. Drei Tage blieb ich in diesem Zimmer eingesperrt, tobte herum, und nur ab und zu beruhigte ich mich und saß stumpfsinnig in meinem Sessel.

Sobald der Boy, der draußen Wache ging, diese Beruhigung merkte, machte er vorsichtig die Tür auf und schob noch vorsichtiger sein Tablett, auf dem Essen stand, hinein und setzte es auf ein daneben stehendes Tischchen. Und wie der Blitz zog er den Arm wieder zurück, und ich konnte ordentlich fühlen, mit welcher Erleichterung er den Schlüssel im Schloß von außen umdrehte. Wenn ich dann manchmal laut herauslachte, weil ich eben einfach platzte vor Vergnügen, dann glaubte sicher der brave Gelbe, ein neuer Anfall habe mich gepackt.

Am Abend des dritten Tages schlug endlich meine Befreiungsstunde.

Ebenso vorsichtig und geräuschlos wie bei der Ankunft verließen wir wieder das Haus.

An der Landungsstelle lag ein großes Dampfboot, ein kurzer herzlicher Abschied, und stromabwärts ging die Fahrt auf die Wusungreede, wo der riesige Dampfer „Mongolia" lag.

Es war schlechtes Wetter, starker Seegang, und nicht mal das Fallreep war gefiert. Nach vielem Rufen und Schreien bemühte sich endlich jemand, das Fallreep herabzulassen, und mit „dem" Koffer in der Hand bestieg Mr. McGarvin das Schiff

Kein Mensch kümmerte sich um mich. Das Deck war nur halb erleuchtet, und schließlich ging ich an einige Schiffsoffiziere heran und fragte sie nach meiner Kabine. Ein unwilliges Gebrumm, welches auf deutsch hieß: Laß mi mei Ruh', antwortete mir. Aber als ich diesen Herren mein Billett unter die Nase rieb, da änderte sich die Situation mit einem Schlage. Tiefe Verbeugungen und Entschuldigungen. Ein Pfiff aus der Batteriepfeife eines Offiziers, und herbei rauschten mehrere Stewards, voran der weiße Obersteward. Die Deckslampen flammten hell auf. Die Stewards rissen sich um „den" Koffer, und voll Dienstbeflissenheit geleitete mich der Obersteward in meine Luxuskabine. Er floß förmlich über vor Höflichkeit.

„Oh, Mr. McGarvin, warum kommen Sie denn heute schon, der Dampfer geht doch erst übermorgen früh, das ist doch heute mittag in Schanghai überall bekanntgegeben worden!“ Ich machte ein wütendes Gesicht und tat empört darüber, daß mir als Inhaber einer Luxuskabine das nicht mitgeteilt worden sei.

Dann kam mein feister chinesischer Kabinensteward, die Ruhe und die Vornehmheit in eigenster Person. Beinahe hätte er mich in Verlegenheit gebracht. Durch einen seiner Unterboys ließ er meinen Koffer hereinbringen und fragte in zweifelndem Tone, ob das denn das ganze Gepäck sei.

„Ja”, sagte ich.

„Oh“, meinte er, „da sind die anderen Gepäckstücke wohl schon im Gepäckraum?“

„Aber natürlich, meine schweren Koffer sind bereits gestern verladen worden, und ich hoffe sehr, daß der Lademeister gut auf meine wertvollen Standkoffer achtgeben wird.“

Ach der gute Chinaxe, wenn der geahnt hätte, daß ich schon stolz war, diesen einen Koffer zu besitzen, und selbst dieser war bedenklich leicht!

Endlich, am fünften Dezember Neunzehnhundertvierzehn, setzte sich abends der Dampfer „Mongolia“ in Bewegung.

Trotz des schönen Wetters und des guten Essens erkrankte plötzlich am nächsten Tage Mr. Mc Garvin. Was es war, konnte er selbst nicht genau sagen. Wahrscheinlich eine schwere Fischvergiftung, und schleunigst wurde der Schiffsarzt geholt. Dies war ein glänzender Mann, Sportsmann durch und durch und für jeden köstlichen Scherz sofort zu haben. Seine anfangs besorgte Miene nahm schnell einen erstaunten Zug an, als ihm aus der Koje des vermeintlich Todkranken ein blühendes, braun verbranntes Gesicht entgegenleuchtete.

Ich hatte Vertrauen zu ihm, und in kurzen Worten schilderte ich ihm meine Lage. Selten habe ich ein paar Augen so erfreut aufleuchten gesehen wie die des Arztes, nachdem ich ihm meine Sünden gebeichtet hatte. Ein schallendes Gelächter und ein kräftiger Händedruck sagten mir, daß ich an den richtigen Mann gekommen war. Der Steward klopfte an.

Besorgte Amtsmiene des Arztes, Stöhnen des Patienten. Vorsichtig huschte der Steward herein, und mit leiser, eindringlicher Stimme sagte ihm der Arzt:

„Du, Boy, dieser Master sehr krank sein, gar nicht stören, vor zehn Tagen Aufstehen unmöglich, das beste Essen, vom Koch sorgfältig ausgewählt, stets ans Bett bringen, wenn Master Wünsche hat, mich sofort holen."

Bei dieser Rede hatte ich bereits einen Bettzipfel im Mund, und wenn's länger gedauert hätte, würde ich wohl noch die ganze Bettdecke verschlungen haben. Ich war wieder mal im Bilde.

Drei Tage Seefahrt, dann kam der erste der drei gefürchteten japanischen Häfen. Friedlich lief der Dampfer in Nagasaki ein, und sofort stürzte sich eine Flut von Zollbeamten, Polizisten und Kriminalbeamten an Bord. Die Glokke tönte durchs Schiff und der Ruf: Alle Passagiere und alle Mann antreten zur Musterung! Und nun ging die Untersuchung und das Gefrage los. Die Passagiere waren im Salon versammelt. Jeder einzelne wurde namentlich aufgerufen, ganz gleichgültig ob Mann, Frau oder Kind, wurde von einer Kommission aus Polizeioffizieren und Kriminalbeamten vernommen, die Papiere genau revidiert und dann von einem japanischen Arzt genau auf ansteckende Krankheiten untersucht. Vor allen Dingen wollten sie genau wissen, wer derjenige wäre, der aus Tsingtau käme! Der fünfunddreißigste Name, der aufgerufen wurde, war McGarvin. Alles sah sich um, keiner hatte diesen natürlich gesehen. Da trat der Arzt heran, machte ein sehr bedenkliches Gesicht und flüsterte seinem japanischen Kollegen unter bedauerndem Achselzucken eine schreckliche Geschichte ins Ohr.

Eine Viertelstunde darauf hörte ich viele Stimmen vor meiner Kammer, es wurde ganz vorsichtig die Tür geöffnet, und herein ging der amerikanische Arzt und schlichen sich zwei japanische Polizeioffiziere und der japanische

Arzt. Fest zusammengerollt und leise stöhnend lag der arme Fischvergiftete da, nichts war von ihm zu sehen als etwas vom Haarschopf.

Der Amerikaner trat ans Bett und berührte vorsichtig meine Schulter, was mir scheinbar fürchterliche Schmerzen verursachte. Sofort trat der Arzt vom Bett zurück und sagte halblaut:

„Oh, very ill, very."

Die Japaner, welche sich von Anfang an voller Scheu in der wundervoll eingerichteten Kabine umgesehen hatten, schienen froh zu sein, aus dieser ihnen ungewohnten Umgebung schnell wieder rauskommen zu können. Mehrere tiefe Bücklinge, ein zischendes Geräusch durch die Zähne, welches ihre besondere Ehrerbietung ausdrücken sollte, ein leise gemurmeltes: „Oh, I beg your pardon!" und raus war die ganze gelbe Gefahr.

Ich glaube, während dieser ganzen Szene und besonders vorher hatte ich doch etwas Schüttelfrost, der sich aber schnell wieder legte.

Am Nachmittage riskierte ich doch einen Augenblick aufzustehen, um mir vom Schiff aus Nagasaki, das ich von früher her kannte, anzusehen.

Der Anblick, der sich mir bot, trieb mich schnell wieder in die Koje. Der Hafen war mit unzähligen Dampfern besät, welche unter reichstem Flaggenschmuck zu Anker lagen. Ein außerordentliches Leben herrschte an Bord dieser Schiffe, überall wurden Truppen, Pferde und Geschütze ausgeladen, alle Soldaten waren festlich geschmückt, die Häuser der Stadt verschwanden fast unter Girlanden und Fahnenschmuck, eine unabsehbare, froh bewegte Menge strömte durch die Straßen und nach der Festwiese, wo Parade und Truppenschau abgehalten wurde. Nun wußte ich's. Das waren ja die Sieger von Tsingtau! In ganz Japan wurde heute die Niederwerfung und Bezwingung des ganzen Deutschen Reiches gefeiert. In den japanischen Zeitungen, die in Englisch erschienen, konnte ich an diesem Abend unter anderem lesen, daß es den Engländern, Franzosen und Russen nicht gelungen sei, Deutschland zu besiegen, aber sie, die Japaner, sie hätten es fertiggebracht und hätten damit jetzt ohne Zweifel das beste und stärkste Heer der ganzen Welt. Doch genug von diesen Lächerlichkeiten, die Amerikaner und Engländer haben sich ganz ähnliche Sachen geleistet.

Noch zweimal legte der Dampfer während dieser Tage in japanischen Häfen an. Sowohl in Kobe wie in Yokohama spielte sich in meiner Kammer derselbe Vorgang ab wie in Nagasaki.

Mr. McGarvin blieb krank und unbehelligt. Fünf volle Tage blieben wir im ganzen in Japan. Aber endlich, nachdem ich acht ganze Tage im Bett gelegen hatte, ohne daß mir etwas fehlte als eben die Krankheit, verließen wir die gefährlichen Gewässer, und als die japanische Küste hinter uns am Horizont verschwand, da soll es auf dem Dampfer einen jungen Mann gegeben haben, der wie unsinnig vor Freude herumsprang und sein kleines Hütchen, welches ehemals einem fünfjährigen Mädchen im fernen China gehört hatte, in der Richtung nach Japan schwenkte und lachend rief: „Good bye, Japs, good bye, Japs!"

Unter allerlei Unterhaltungen, wie sie eben an Bord eines so großen Dampfers gepflogen werden, zogen die Tage dahin. An Bord waren auch mehrere deutsche Herren, die der Krieg aus ihrer bisherigen Heimat vertrieben, dann einer meiner Kameraden, der bis jetzt in Schanghai zu tun gehabt hatte, und ein Kriegskamerad von mir: der amerikanische Kriegsberichterstatter Mr. Brace, welcher als einziger Ausländer die ganze Belagerung Tsingtaus mitgemacht hatte.

Neptun sorgte für Abwechslung. Kurz vor Honolulu bekamen wir einen starken Taifun auf den Kopf, der zwei Tage andauerte und bei dem der Dampfer ernstlich in Gefahr schwebte.

Als wir in Honolulu bei strahlendem Sonnenschein ankamen, da traute ich meinen Augen kaum. Da vorne, da wehte ja die deutsche Kriegsflagge! Es war kein Zweifel.

Und als wir festgemacht hatten, lag neben uns, winzig wie eine Nußschale, der kleine Kreuzer „Geier", welcher sich, wie wir später erfuhren, von der Südsee aus in mehrmonatiger Reise bis nach hier durchgeschlagen hatte und interniert worden war. Welch ein eigentümliches Zusammentreffen! Liebe Kameraden, von denen ich lange nichts mehr gehört hatte, traf ich hier mitten im Kriege, fern der Heimat nach großen Erlebnissen. Da gab's ein Fragen und Erzählen, das wollte kein Ende nehmen.

Der „Geier“ hatte sich bei Ausbruch des Krieges fern unten in der Südsee zwischen dem Gewirr der Koralleninseln befunden. Die Mobilmachung mit Rußland hatte er noch erfahren, dann war seine Funkentelegraphie entzweigegangen, und er schwamm ohne Nachrichten im Stillen Ozean herum. Erst vierzehn Tage später erfuhr der „Geier“ etwas vom Kriege mit England und noch später von dem mit Japan. Da hieß es aufpassen. Und umstellt und gehetzt von einer Schar von Feinden, ist es dem kleinen Kreuzer gelungen, wochenlang segelnd oder im Schlepp eines kleinen Dampfers sich die Tausende von Seemeilen bis nach Honolulu durchzuschlagen. Und als der große japanische Kreuzer, der bei der Einfahrt von Honolulu auf ihn lauerte, sich an einem Morgen die Augen rieb, da lag das kleine Nußschälchen schon wohlgeborgen im Hafen, und stolz wehte die Flagge am Mast, und der Gelbe mußte mit eingezogenem Schwanze nach Hause laufen.

Nach der Abfahrt von Honolulu hatte ich noch ein ernstes Hühnchen mit meinem Kriegskorrespondenten zu rupfen. Dieser brachte mir nämlich freudestrahlend die „Honolulu Times“ und zeigte mir stolz das erste Blatt, auf dem in riesigen Lettern mein Name, meine Stellung und meine Herkunft zu lesen war und darunter ein spaltenlanger Artikel, der alle Schandtaten aufzählte, die ich in, und nach der Belagerung Tsingtaus vollbracht hatte.

Also echt amerikanisch: nach dem, was über einen in der Zeitung steht, wird man erst beurteilt.

Mir war die Sache äußerst peinlich, denn ich hatte allen Grund, zu befürchten, daß die amerikanischen Behörden mich auf dieses Schreiben hin in San Francisco festnehmen würden. Doch alle Amerikaner an Bord beruhigten mich in dieser Beziehung, und meinten, ich würde in Amerika vollständig unbelästigt herumgehen können, denn, was ich gemacht hätte, wäre ein „good sport", dafür hätten die Amerikaner Sinn. Sogar im Gegenteil, der Amerikaner würde sich kolossal freuen darüber, und wenn ich vernünftig wäre und von meinen törichten deutschen Offiziersansichten abließe, dann könnte ich in Amerika ein ordentliches Stück Geld verdienen. Ich solle mich bloß an eine richtige Zeitung wenden, und die würde die Sache an der Hand ihrer Reklame ordentlich inszenieren, und dann könnte ich, möglichst mit Musik vorneweg, von Stadt zu Stadt ziehen und Vorträge halten und plenty dollars einheimsen. Ja, es waren überhaupt Gemütsmenschen, die Herren Amerikaner. Einer dieser Herren, ein ganz famoser netter Mann, der eine reizende Tochter mit an Bord hatte, kam eines Tages zu mir, nahm mich beiseite und sprach im vollsten Ernste:

„Sehen Sie mal, Mr. McGarvin, Sie gefallen mir, ich habe Interesse an Ihnen. Was wollen Sie jetzt anfangen? Geld haben Sie wahrscheinlich nicht, in Amerika kennt Sie niemand, und gute Arbeit findet sich dort sehr schwer!"

„Nun, ich will nach Deutschland und will für mein Vaterland kämpfen, ich bin doch Offizier!"

Ein mitleidiges Lächeln seinerseits.

Er: „Aus Amerika herauszukommen, ist ausgeschlossen, und dann, Ihr Vertrauen und Ihre Begeisterung in Ehren, aber glauben Sie mir, ich habe gute Verbindungen; in wenigen Monaten wird Deutschland vernichtet sein, und da wird es dann für Sie keine Arbeit und keine Bleibe mehr geben. England wird keinem deutschen Offizier erlauben, nach dem Kriege in Deutschland zu bleiben. Sie alle werden exportiert, das Deutsche Reich aufgeteilt und der Deutsche Kaiser von seinem eigenen Volke abgesetzt werden. Also seien Sie doch vernünftig, suchen Sie sich jetzt schon eine neue Heimat zu gründen, bleiben Sie in Amerika, ich werde Ihnen gern helfen."

Das war mir zu viel. Und eine Antwort habe ich dem Herrn gegeben und eine Belehrung: was eigentlich ein deutscher Offizier sei und wie es wirklich in Deutschland aussehe, daß der gute Mann fast von selbst mit in Begeisterung über Deutschland geriet. Von nun ab war er noch liebenswürdiger zu mir, und öfters bin ich nachher bei ihm in San Francisco und New York zu Gast gewesen.

Am dreißigsten Dezember liefen wir in San Francisco ein.

Typisch amerikanischer Zustand.

Dutzende von Zeitungsreportern und Photographen rannten an Deck herum, kamen in Salons, ja ließen einen nicht mal in den Kabinen zufrieden. Von mir hatten die Kerls schon Wind bekommen. Von allen Seiten stürmten diese Herren herbei, von allen Ecken wurde man geknipst, es war geradezu widerlich. Schließlich wandte ich das einzige Mittel an, welches hilft: ich wurde grob und schrie: „Ich habe überhaupt nichts zu sagen, und wenn Sie mich weiter belästigen, hole ich die Polizei!“ Mein Kriegskorrespondent aus Tsingtau hatte mich vorher instruiert, mit seinen Kollegen so zu verfahren.

Nur ein windiger gelber Japaner schlich sich wie eine Katze an mich heran, machte tiefe Verbeugungen, zischte durch die Zähne und sagte lächelnd, er käme vom japanischen Konsulat (das auch noch!) und wolle mich begrüßen und mir Glück wünschen, daß ich so gut aus Tsingtau herausgekommen sei. Im übrigen hätte ich ja gar nichts zu befürchten, ich wäre auf amerikanischen Boden, aber er würde so furchtbar gern einen kleinen Bericht seiner Zeitung nach Japan schicken, das würde seine japanischen Brüder freuen.

Den gelben Japs ließ ich durch den chinesischen Steward hinausbefördern.

Sie haben mich

San Francisco!

Diese riesige, wunderschöne Stadt!

Das Beste war: ich wurde nicht verhaftet. Keine offizielle Persönlichkeit kümmerte sich um mich, und ich blieb einige Tage dort trotz des Entsetzens auf dem deutschen Konsulat, wo man mich schon verhaftet sah. Ich habe selten in meinem Leben eine so wahnsinnige, tolle Nacht erlebt wie die Silvesternacht in San Francisco.

Alles was mir darüber schon vorher erzählt war, war nichts gegen die Wirklichkeit. Die ganze Stadt schien wie in ein Tollhaus verwandelt. Und all die Menschen, rassig bis zum letzten Blutstropfen, schön und kräftig die Männer, hinreißend die blonden Frauen und Mädchen. Ich war von meinem Bekannten in eins der schönsten und größten Vergnügungslokale eingeladen. Unerschwingliche Eintrittspreise und das Publikum das „Beste vom Besten“. In dieser Nacht schien alles erlaubt.

Und dann die Musik – und der Tanz, so hinreißend und schön und wild – es ist „die“ Nacht von San Francisco!

Am zweiten Januar Neunzehnhundertfünfzehn galt's wieder Abschied nehmen, und zufällig traf ich mit meinem Kameraden und mehreren Deutschen, mit denen ich auf dem Dampfer zusammengewesen war, in demselben Eisenbahnwagen wieder zusammen.

Das wurde eine frohe Fahrt, zumal die Zeitungen gute Nachrichten aus Deutschland brachten, einige der älteren Herren und Damen direkt zur Heimat fuhren und wir beiden Offiziere fest daran glaubten, daß auch wir unserem Ziele nicht mehr fern wären.

Bei den Grand Canons von Arizona wurde ein Zug überschlagen. Das mächtige Naturwunder zeigte sich uns in wunderbarster Schönheit. Dann ging's weiter, tagelang raste der Zug durch die Prärien, Knabenerinnerungen an den Lederstrumpf und an die Mohikaner tauchten in uns auf, dann trennten wir uns in Chicago, und ich fuhr nach Virginien, um liebe Freunde zu besuchen und um zu sehen, wie ich die Weiterreise nach Europa ermöglichen könnte.

Nach zwei, drei Tagen reiste ich nach New York weiter, um hier mein Glück zu versuchen.

Drei volle Wochen mußte ich in New York bleiben, drei volle Wochen, in denen ich viel von New York und den Menschen dort und von dem dortigen Leben kennenlernte.

Drei volle Wochen, während deren ich oft nicht wußte, was vor Wut anfangen. Das überstieg alles, was ich bis jetzt in dieser Beziehung erlebt hatte. Kaum ein Bild, kaum eine Zeitung, kaum eine Reklame, die nicht gegen Deutschland hetzte, die nicht die tapferen deutschen Kämpfer in den Dreck zog.

Der Tipperarygesang schien auch in New York zum Nationallied gestempelt worden zu sein.

Gab es denn keinen, der diesen Leuten die Augen öffnete, wollten diese Menschen die Wahrheit nicht hören und nicht sehen?

Ja die meisten kannten ja Deutschland überhaupt nicht, wußten kaum, wo Deutschland lag, und doch urteilten sie so. Da konnte man fühlen, welche ungeheure Macht die gemeine englische Lügenpresse besaß und wie urteilslos und dumm der Amerikaner auf diesen groben Schwindel hineinfiel.

Ich habe gewirkt, was in meinen Kräften stand.

Ich habe geredet und erzählt und zu überzeugen versucht, überall dieselbe Antwort: „Ja, daß Sie persönlich all diese Greueltaten nicht tun würden, das glauben wir Ihnen, aber die anderen Deutschen, die Hunnen und Barbaren, die tun's. Hier steht's ja schwarz auf weiß in den Times! Da muß es ja wahr sein, denn es ist undenkbar, daß ein so großes Blatt die Unwahrheit sagt." Ein großer Trost war mir die rührende Art, wie ich von meinen Bekannten und deren Freunden aufgenommen wurde, und ich bin ihnen aufrichtig dankbar dafür.

An einem Abend war ich besonders wütend. Ich war in der Metropolitan Opera gewesen, es wurde unter anderem ein Akt aus „Hänsel und Gretel“ gegeben. Deutsche Musik, deutsche Worte und deutscher Gesang! Mein Herz tat sich auf und quoll über vor wahnsinnig schmerzender Sehnsucht nach dem geliebten Vaterlande; meine Seele trank in vollen Zügen das deutsche Lied. Hingerissen, berauscht, trat ich auf die Straße und wurde jäh in die Wirklichkeit zurückgerufen.

Auf dem großen Platz vor dem Theater, wie allabendlich, eine riesige Volksmenge. Drüben an einer kahlen Hauswand leuchtete, wie an jedem Abend, in großen Buchstaben der neueste Kriegsbericht auf, der von einem Kinematographenapparat auf die Wand geworfen wurde.

Natürlich: Rußland hatte wieder mal einen großen Sieg errungen, die Engländer hatten die deutsche Kronprinzenarmee vollkommen vernichtet!

Die Menge johlte vor Freude.

Dann kamen einzelne Schlachtenbilder. Erst einige englische und französische Kriegsschiffe, dann plötzlich der deutsche Kreuzer „Goeben“.

Die Menge raste, ein Pfeifen, ein Zischen und Pfuirufen, welches kein Ende nehmen wollte.

Das waren die neutralen, um Menschenrechte und Gerechtigkeit so besorgten Amerikaner!

Vergebens waren bis jetzt meine Bemühungen gewesen, nach Europa zu gelangen. Ich hatte mir die Sache doch einfacher vorgestellt.

Um ein Haar wäre es mir einmal gelungen.

Ich hatte eine Heuer auf einem norwegischen Segelschiff gefunden und sollte sofort meinen Dienst als Matrose antreten. Da mir aber dringend geraten wurde, diesen Kasten nicht zu benutzen, da mehrere englische Matrosen an Bord wären, ließ ich die Gelegenheit fahren und suchte weiter.

Endlich hatte ich, was ich wollte.

Durch Zufall lernte ich einen Mann kennen, der ein recht bewegtes Leben hinter sich hatte. Er hatte sich jahrelang in der Welt herumgetrieben und lebte nun schon lange in New York. Was er eigentlich tat, habe ich nie recht herausbekommen. Eines konnte er jedenfalls sehr geschickt, und das war: alte Pässe frisch aufgarnieren. So waren wir bald handelseinig. Nach wenigen Stunden hatte ich meinen Reisepaß, meine Photographie war sauber eingeklebt, alle An- und Abmeldungen vorschriftsmäßig vorhanden.

Und so stieg am dreißigsten Januar Neunzehnhundertfünfzehn der Schweizer Schlossergeselle Ernst Suse an Bord des neutralen italienischen Dampfers „Duca degli Abruzzi" und verschwand im Zwischendeck.

Zwei Stunden später passierten wir die Freiheitsstatue. Fünf Seemeilen vor dem Hafen von New York lagen zwei englische Kreuzer und bewachten die Hafeneinfahrt. Ein leuchtendes Beispiel für die Freiheit der Meere!

Die Dampferfahrt war fürchterlich.

Trotzdem ich als Seeoffizier und alter Torpedobootsfahrer an manchen Kummer gewöhnt war, so etwas hatte ich mir nicht träumen lassen.

Das Schiff toppslastig und mit so wahnsinnigen Schlinger- und Stampfbewegungen, daß ich als Fachmann überzeugt war, der Kahn würde bei mehr aufkommender See kentern.

Und die Wanzen! Doch das ist ein Kapitel für sich.

Am dritten Tage unserer Fahrt stand ich eines Vormittags an Deck und schaute sehnsüchtig nach der ersten Klasse, von wo zwei allerliebste Gesichtchen über die Reling sahen. Da trat ein Herr zu ihnen heran, und beinah hätte ich laut seinen Namen gerufen!

Den kannte ich doch, das war doch –

Ja, es war kein Zweifel möglich. Es war mein Kamerad T., der mit mir aus Schanghai gekommen war. Nun gewahrte er mich auch, nur daß er mich erst erkannte, nachdem er mit seinen Damen einige recht laute Bemerkungen über den schmierigen Gesellen (das war ich) dort unten gemacht hatte. Plötzlich wurde er stumm, seine Augen weiteten sich, dann glitt ein Lächeln des Verständnisses über seine Züge, er machte kehrt, und weg war er.

Am Abend bei vollständiger Dunkelheit hatte ich einen Augenblick Gelegenheit, ihn zu sprechen. Er fuhr als vornehmer Holländer (selbstverständlich konnte er kein Wort Holländisch sprechen) und wollte ebenso wie ich nach Neapel und von da nach Hause.

Aber das Beste war doch das: beide waren wir in New York täglich zusammengewesen, beide wußten wir gegenseitig, daß wir alles versuchen würden, um nach Hause zu kommen, aber wie es sich jetzt herausstellte, hatten wir beide unseren entsprechenden Unterstützungsmännern das Versprechen geben müssen, zu niemandem ein Wörtchen zu sagen, und das hatten wir beide so gut gehalten.

Aber der Schlager kam noch: Beide waren wir bei demselben Mann gewesen!

Einige Tage nach dem Verlassen von New York erkrankte ich plötzlich, bekam hohes Fieber und mußte mich in die Koje legen. Was es war, wußte ich selber nicht, wahrscheinlich ein Malariaanfall, und dieser Ansicht schien auch der italienische Arzt zu sein und gab mir eine blödsinnige Dosis Chinin. Der Erfolg trat auch sofort ein: ich wurde noch kränker denn zuvor und hatte mehrere Tage fast vierzig Grad Fieber. Diese Tage waren unbeschreiblich. In unserem Loch von einer Kammer wohnten wir zu vieren zusammen. Über mir lag ein Franzose, der mit Schnattern und Futtern nur aufhörte, wenn er seekrank war. Neben mir lag bleich und gefaßt ein Schweizer (das war schon verdächtig). Dieser Mann war so seekrank, daß ich glaubte, er würde Europa niemals lebend erreichen. Links über mir aber lag ein ganz rabiater Engländer, der trotz der geschlossenen Bullaugen Tag und Nacht seine Navy-Cut-Pfeife nicht ausgehen ließ, fast immer betrunken war und kaum einen Moment sein Grölen und sein Schimpfen auf Deutschland unterbrach. Meine Ruhe kann man sich denken. Außerdem lag meine Koje direkt neben der Rudermaschine, und dann kam das Schlimmste: die Wanzen!

Ich habe so etwas nie für möglich gehalten!

Diese furchtbarsten Plagegeister kamen nicht einzeln, sondern gleich zu Dutzenden.

Ach, was war der ganze Radau, der unerträgliche Gestank und die seekranken Menschen gegen diese Plage! Trotz des furchtbaren Schwächezustandes, in dem ich mich befand, versuchte ich die braunen Gesellen zu töten oder zu verjagen. Ich merkte aber nur zu bald, daß ich gegen sie machtlos war.

Und dann wurde mir alles gleichgültig. Die Fahrt konnte ja nur noch einige Tage dauern, dann waren wir im schönen Italien, dann nur noch kurze Tage der Erholung, und ich wäre in meinem geliebten Vaterlande gewesen. Mit aller Energie wehrte ich mich gegen meine Krankheit, und die Gedanken an Deutschland ließen mich so weit genesen, daß ich am achten Februar, als der Dampfer in Gibraltar einlief, wieder aufstehen konnte.

Gibraltar!

Wie oft war ich an diesem Felsen früher schon vorbeigefahren, wie hatte ich dem grauen Stein froh bewegt zugewinkt, wenn ich, vom Auslande zurückkehrend, durch die Meerenge fuhr, der treuen Heimat entgegen!

Was hatte ich dieses Mal zu erwarten?

Trotzdem das Anlaufen von Gibraltar nicht auf dem Fahrplan vorgesehen war, fuhr der Dampfer ohne irgendwelche Aufforderung zur Untersuchung in den Hafen ein und ankerte dort. So weit also waren die Italiener schon Sklaven der Engländer geworden!

Sobald das Schiff stillag, kamen zwei Kriegsschiffsbarkassen längsseit, denen ein englischer Seeoffizier, einige Polizeibeamte und mehrere bis an die Zähne bewaffnete englische Matrosen entstiegen.

Ein Glockensignal wurde durch das Schiff gegeben und der Befehl: Sämtliche fremden Passagiere, die nicht Italiener und nicht Engländer sind, auf die Kommandobrücke kommen! Die Stewards gingen herum, suchten alle Räume und Kammern ab, und wie eine Hammelherde, umringt von englischen Matrosen und italienischen Stewards, wurden wir auf die Brücke getrieben.

So ganz wohl war mir dabei nicht zumute!

Aber immerhin hatte ich etwas Vertrauen, da ich, wie ich bald feststellte, der einzige war, der mit einem richtigen Paß mit Photographie ausgerüstet war. Zu meinem großen Unbehagen stellte ich fest, daß wir im ganzen fünf Schweizer waren, von denen mir drei immer schon wegen ihres zurückgezogenen stillen Wesens verdächtig vorgekommen waren. Nur einen Schweizer, den hatte ich noch nicht gesehen, der sah aber auch so dreckig und schmierig aus, daß ich vorsichtshalber etwas zur Seite trat, als er sich neben mich stellte.

Nach ungefähr einer Stunde, nachdem die Passagiere erster Klasse recht oberflächlich und sehr höflich untersucht worden waren, kam die Reihe an uns.

Sechs arme Sünder standen wir da. Der erste war ein italienisch-schweizerischer Arbeiter, dem der rechte Arm fehlte, seine Frau, eine typische Italienerin, warf sich unter Heulen dem Engländer zu Füßen. Ihren ganzen Anhang aus dem Zwischendeck hatte sie mit herauf gebracht. Alles heulte, und verächtlich sah der Engländer auf die Leute herab. Nach kurzem Verhör wurde der Mann entlassen und war frei.

Nun kamen wir.

Der größte von uns Schweizern stand am rechten Flügel. Der englische Offizier trat auf ihn zu und sagte: „Sie sind deutscher Offizier!“

Natürlich laute Entrüstung und Proteste von dessen Seite. Der Engländer reagierte gar nicht darauf, und das Unglückswurm mußte beiseite treten. Wir anderen vier schienen ihm schon echter auszusehen.

Wir wiesen auf unsere Pässe hin, und jeder von uns gab eine Mordsgeschichte zum besten. Nach kurzer Zeit sagte er: „Schön, die vier können gehen, aber den einen nehme ich mit!“

Mir schlug das Herz vor Freude bis zum Halse. Da kam der Verräter.

Ein windiges Bürschchen in tadellosem Zivil trat an den Offizier heran und sagte ihm mit aufgeregter Stimme: „Es ist ausgeschlossen, daß die vier so ohne weiteres freikommen, ich bin überzeugt, alle vier sind Deutsche; es müssen unbedingt noch ihre sämtlichen Sachen untersucht werden."

Von unserer Seite lauter Protest, aber es half nichts. Zwar widerwillig und voller Verachtung gegen diesen Schurken folgte der englische Offizier doch, und nun begann die Untersuchung in der Kammer. Alles wurde durchwühlt. Überall schnüffelte der Schurke herum, nichts konnte er finden, was verdächtig war. Kein Namenszug, nichts. Plötzlich drehte sich der Kerl um, riß mir die Jacke auf, krempelte mir die Brusttaschen um und sagte dann triumphierend zu dem Offizier, der neben ihm stand:

„Sehen Sie, auch hier kein Namenszug und kein Name, das ist ein Zeichen, daß er ein Deutscher ist, denn er hat alle Monogramme vorher vernichtet."

Ach, hätte ich diesem Hund seine Hirnschale einschlagen können !

Wie wir bald erfuhren, war dieser Zivilist der Vertreter der Firma Th. Cook & Brothers in Gibraltar und versah auf den Dampfern Dolmetscher- und schurkische Spionendienste. Er sprach ein so reines Deutsch, daß er zweifellos viele Jahre in Deutschland Gastfreundschaft genossen haben mußte. Wie viele Unglückliche mochte diese Schlange wohl schon ins Verderben gebracht haben!

Wiederum wurden wir fünf wie Vieh auf der Brücke zusammengetrieben. Dann näherte sich auch schon der zweite Judas Ischarioth, welcher von Cooks Vertreter herbeigeholt war. Dieser zweite war ein Schweizer Passagier erster Klasse, und auf Veranlassung des Schurken sollte er uns in Schwyzer Dütsch prüfen.

Wir versagten alle fünf.

Kein Protest half. Nichts nützte, daß ich den Leuten die tollsten Geschichten erzählte, wie: Ich könnte ja überhaupt gar kein Deutsch! Schon als Kind von drei Jahren hätte ich mit meinen Eltern die Schweiz verlassen und sei mit ihnen nach Italien gezogen. Dann sei ich nach Amerika verschlagen worden.

In gutem Italienisch und Amerikanisch redete ich wie um meinen Kopf. Beinahe kam ich frei, da zischelte die Schlange wieder, und – – – aus war es!

Der englische Offizier ließ sich auf nichts mehr ein, er sagte bloß, es seien bereits so viel Schweizer durch Gibraltar durchgefahren, so viele gäbe es in der ganzen Welt nicht.

Mit einer innerlichen Wut, die mich fast zum Wahnsinn brachte, wurde ich abgeführt.

Schnell hatte ich ein paar Habseligkeiten zusammengerafft, ich konnte einer deutschen Dame noch unbemerkt einen Zettel in die Hand drücken, den sie auch treulich meinen Verwandten gesandt hat, und mit einem groben Stoß eines Seemanns flog ich das Fallreep hinunter und in die Barkasse, in der die vier anderen Unglückswürmer bereits gänzlich zerknickt saßen. Dann kam der englische Offizier mit seinem Schurken, und fort ging's.

An der Reling des Dampfers stand der Schweizer Verräter und sah schadenfroh herab. Da konnte ich nicht mehr an mich halten, ich sprang auf und drohte ihm mit der Faust und brüllte ihm ein Schimpfwort zu.

Ein hysterisches Verräterlachen antwortete mir.

Und ganz vorne, von der Steuerbordreling, da grüßten stumm ein Paar traurige deutsche Augen einen letzten Abschiedsgruß zu mir herüber.

Leb wohl, du glücklicher Kamerad, grüß mir die Heimat, die du in einigen Tagen wiedersehen wirst!

Hinter Mauern und Stacheldraht

Der englische Offizier beruhigte mich: „Seien Sie versichert," sagte er mir, „Sie können heute noch in Gibraltar Ihren Schweizer Konsul sprechen; wenn der die Richtigkeit Ihres Passes bestätigt, dann sind Sie am selben Tage frei."

Was es damit auf sich hatte, erfuhr ich nur zu bald. Die Dampfbarkasse rauschte dem Lande zu, und bald legte sie am inneren Teil des Kriegshafens an.

Zehn Soldaten mit aufgepflanztem Seitengewehr standen an der Anlegestelle bereit. Einige kurze Befehle, die paar Sachen, die wir mitgenommen hatten, nahmen wir selbst auf den Buckel, dann mußten wir uns in zwei Reihen aufstellen, die zehn Soldaten umringten uns, und auf das Kommando: „Quick marsh!" setzte sich der traurige Zug in Bewegung.

Alles mit mir und um mich herum geschah wie im Traum. Ich war überhaupt kaum fähig, einen Gedanken zu fassen, so war ich niedergeschmettert.

Gefangen!

War es wirklich wahr? Gab es so etwas überhaupt?

Es war entsetzlich, unfaßbar! Wie ein Verbrecher wurde man hier entlang geführt, und wie Verbrecher wurden wir von der Bevölkerung, an der wir vorbeigehen mußten, angesehen. Die Soldaten trieben uns zur Eile an. Ich war schwach zum Umsinken, da ich das Fieber noch nicht ganz überwunden und seit drei Tagen außer Chinin nicht das geringste in den Magen bekommen hatte. Die Sonne brannte auf die Felswände herab, und dann der seelische Zustand, die Hoffnungslosigkeit!

Trostlos!

Immer höher ging's durch schmale, erhitzte Gassen, bald verschwanden die Häuser unter uns, steile, nackte Felsen an beiden Seiten. Nach einer Stunde hatten wir die höchste Spitze des Gibraltarfelsens erreicht. Kommandorufe erschollen, Drahthindernisse und eiserne Tore wurden geöffnet, dumpf schlugen sie wieder ins Schloß, Ketten und Riegel klirrten.

Gefangen!

Nun wurden wir zuerst zur Polizeiwache gebracht und einem Verhör unterzogen. Ich protestierte energisch und verlangte, umgehend vor meinen Konsul geführt zu werden, wie mir von dem englischen Offizier ausdrücklich zugesichert war. Ein bedauerndes Lachen war die Antwort. Ach, wir waren ja nicht die ersten, die so heraufgebracht waren und dasselbe Ansinnen gestellt hatten. Wie unendlich viele haben wohl hier oben gestanden und endgültig ihre Hoffnungen begraben müssen!

Jetzt begann die körperliche Untersuchung.

„Hat jemand von den Gefangenen Geld bei sich?"

Keiner antwortete selbstverständlich. Wir mußten uns ausziehen, und jedes Kleidungsstück wurde eingehend auf Geld, Doppelgläser, Photographenapparate und besonders auf Schriftstücke untersucht. Ich kam als dritter an die Reihe, mein Hemd durfte ich anbehalten.

„Haben Sie Geld?"

„Nein!"

Der Feldwebel tastete an meinem Körper herum, plötzlich klimperte etwas in der linken Brusttasche meines Hemdes.

„Was ist das?"

„Ich weiß nicht!"

Nun griff er in die Tasche hinein, und was holte er heraus? Ein wunderschönes Zwanzigdollarstück aus bestem amerikanischem Golde und außerdem ein kleines Perlmutterknöpfchen, welches mich durch das Gegenschlagen gegen das Geldstück bei der Untersuchung verraten hatte. Ich sage ja, das hat man von der Ordnungsliebe! Hätte ich das Knöpfchen zwei Tage früher fortgeworfen, statt es sorgfältig aufzubewahren, wäre dies nicht passiert. Der englische Soldat freute sich, derlei Scherzchen schienen recht oft vorgekommen zu sein. Doch nun untersuchte er genauer. Und zu meinem Kummer holte er mir auch aus der anderen Hemdentasche und aus den beiden Hosentaschen noch je ein schönes Goldstück heraus; und dazu leider auch noch meine kleine Browningpistole, die mich nun schon so treulich all die Monate lang begleitet hatte.

Als ich fertig ausgeplündert war, durfte ich mich wieder anziehen und zu den anderen Leidensgenossen in den Gefängnishof treten.

Dann ging's in unsere zukünftigen Quartiere. Etwa fünfzig zivilgefangene Deutsche empfingen uns mit lautem Hallo. Diese saßen schon seit Beginn des Krieges hier und hatten ihren Humor scheinbar vollständig wiedergefunden. Unsere neuen Kameraden luden uns gleich zum Essen ein, und wie die Wilden stürzten wir auf den von den Gefangenen selbst hergestellten Brotpudding.

Dann ging's an die Arbeit.

Erst mußten wir Kohlen und Wasser schleppen. Wir wurden ungefähr der Größe nach verteilt, und durch Zufall kam der schmierige Schweizer, vor dem ich mich auf dem Dampfer schon geekelt hatte, mit mir zusammen. Es stellte sich heraus, daß er auch Schlosser war, also denselben Beruf wie ich erwählt hatte.

Später, wo wir beide dann dauernd zusammen waren, korrigierten wir etwas unseren Beruf, und zwar waren wir dann nicht mehr Schlosser, sondern „Schloßherr".

Damit übervorteilten wir keinen, und die Sache hatte vor allen Dingen den Vorteil der Billigkeit und daß sie sich durch eine einfache Änderung in der Aussprache bewerkstelligen ließ.

Vorläufig aber schleppten wir noch Kohlen, und daß die einzelnen Kiepen nicht zu voll wurden, dafür sorgten wir schon. Wir waren ja auch so schwächlich!

Nachdem wir Kohlen und Wasser genügend geschleppt hatten, empfingen wir unsere dreiteiligen Soldatenmatratzen, hart wie Stein, dazu zwei wollene Decken. Dann hatten wir für diesen Abend Ruhe. Das erste jetzt war das Waschen. Ich sehe die Szene heute noch.

Mein schmieriger Kollege von derselben Fakultät setzte sein Waschbecken neben das meine und zog in aller Seelenruhe sein Hemd aus. Donnerwetter, so viel Sauberkeit hatte ich doch nicht erwartet, und ich musterte ihn kritisch. Tadellos gewachsener Körper und sogar sauber, ja blitzsauber! Aber Kopf, Hals und Hände, brrr! Mitten im Waschen hörte ich plötzlich auf. Mein Gesicht wurde immer länger, mein Erstaunen war groß. Das Waschwasser meines Kollegen war schwarz wie Brühe, aber er? Das war ja ein ganz anderer, der jetzt neben mir stand. Die vorher schwarzen und schmierigen Haare leuchteten in hellstem Blond, das Gesicht war frisch und weiß und zeigte feine Züge, und die Hände waren schlank und wohlgebaut. Und, war es möglich? Quer über die Backen und über die Schläfen da zogen sich Schmisse, richtige, echte deutsche Studentenschmisse hindurch. Das Hallo, und das Gefrage und Erzählen, das nun folgte. Mein Kollege war ein echter deutscher Student gewesen, hatte jetzt in Amerika eine schöne Automobilfabrik sich gegründet und hatte dort drüben alles stehen und liegen gelassen, um als Reserveoffizier seinem Vaterlande zu helfen. Schnell schlossen wir uns aneinander an und sind treue, unzertrennliche Freunde geblieben durch viele Wochen der Gefangenschaft, bis das Schicksal uns leider wieder trennte. Wir beide Schloßherren waren aber bald bekannt.

Abends um zehn Uhr wurde Zapfenstreich geblasen, Licht aus in allen Räumen.

Ich hatte meine Schlafstelle an einem Fenster aufgeschlagen, welches bis dicht auf den Fußboden herunterreichte. Auf der Erde liegend, konnte ich bequem aus dem Fenster hinaussehen.

Der Tag hatte so viel Neues gebracht, jetzt erst kam ich zur Ruhe und zur Überlegung.

Die Kaserne, in der wir untergebracht waren, lag hoch oben auf der höchsten Spitze von Gibraltar, da, wo die Felsen steil nach Süden zu ins Meer herabfallen.

Durch das Fenster erblickte ich jetzt tief unter mir das wunderbar blaue Wasser der Meerenge von Gibraltar.

Drüben, ganz fern am Horizont, grüßte fein und hell die Küste von Afrika herüber.

Da unten war die Freiheit, Schiffe fuhren hin und her, auf denen Menschen lebten, freie, ungebundene Menschen, die fahren konnten, wohin sie wollten, und – – – nicht wußten, wie wunderbar und kostbar Freiheit war!

Es war zum Wahnsinnigwerden!

Die Gedanken jagten sich, die Ereignisse des Tages zogen im Geiste an mir vorüber, und wenn ich daran dachte, daß ich jetzt auch dort unten auf einem der Dampfer schwimmen könnte, dann hätte ich am liebsten aufbrüllen mögen vor Wut.

Ach ja, heute war ja der achte Februar, mein Geburtstag, den Tag hatte ich mir allerdings anders vorgestellt!

Wie ein Irrsinniger wälzte ich mich auf meinem Lager herum, und wenn ich nachsann, wie jetzt alles hätte sein können, was ich alles von diesem Tage erhofft hatte und wie ich mir die Zukunft ausgemalt hatte, dann packte mich die wilde Verzweiflung, und vor ohnmächtiger Wut liefen mir die Tränen aus den Augen, ohne daß ich es verhindern konnte.

Sehnsucht, o du furchtbare Sehnsucht!

In dieser Nacht war ich nicht der einzige, dem es so ging.

Aus vier anderen Lagern sahen bleiche Gesichter heraus, weit-geöffnete Augen starrten zur Decke, und manch unterdrücktes Schluchzen biß sich in die Decken hinein. Am nächsten Morgen um vier Uhr wurden wir plötzlich alle geweckt. Die englischen Unteroffiziere gingen die Räume entlang, und es wurde der Befehl gebrüllt, daß alle deutschen Gefangenen sich sofort klarzumachen hätten, in zwanzig Minuten abzumarschieren und mit einem bereits klar liegenden Dampfer nach England zu fahren.

Nach England? Das war doch gar nicht möglich, wir waren doch Schweizer, wir sollten doch heute unseren Konsul sprechen!

An der stoischen, unerschütterlichen Ruhe der Engländer prallten alle unsere Versuche ab. Nun schnell alles zusammengerafft, und genau eine halbe Stunde später marschierten wir sechsundfünfzig Zivilgefangene, umringt von hundert schwer bewaffneten englischen Soldaten, in den leuchtenden Morgen hinein und den Felsen von Gibraltar hinab.

Aber daß unser Stolz nicht gebrochen war, das wollten wir den Engländern beweisen. Und schmetternd und hell, verstärkt durch die Wut, die in uns kochte, jubelte „Die Wacht am Rhein" und „O Deutschland hoch in Ehren" zum Himmel empor.

Unten lag ein riesiger Transportdampfer, bis an den Rand gefüllt mit englischen Truppen. Durch die Menge der Abschiedgebenden und der Abschiednehmenden wurde eine schmale Gasse gebahnt, und im Gänsemarsch liefen wir Spießruten. Doch das muß ich sagen: es gab niemanden, der uns belästigte, nicht einen einzigen, der uns etwas zurief. Stumm wurde uns Platz gemacht, stumm ließ man uns passieren, ja hier und da traf sogar ein Blick des Bedauerns und des Mitleids diesen traurigen Zug.

An Bord war vorne in der ersten Abteilung im Ladedeck notdürftig ein Raum gezimmert worden. Bänke und Tische und Hängematten waren vorhanden, alles wie an Bord eines Truppentransportschiffes.

In dem Raum befanden sich zwei Posten mit aufgepflanztem Seitengewehr, oben am Luk standen ebenfalls zwei Posten, das Luk wurde von außen dicht gemacht und verschlossen, und drinnen saßen wir in der Falle. Die Bullaugen unseres Aufenthaltsraumes waren mit eisernen Blenden fest verschlossen, damit ja keiner von uns heraussehen oder womöglich aus einem geöffneten Bullauge Lichtsignale geben könnte. Nach kurzer Zeit schon ging ein leises Zittern durch das Schiff, die Maschinen setzten sich in Bewegung, und dann fing unser schwimmendes Gefängnis an, sich sanft und leise zu heben und zu senken.

Wir waren in freier See.

Tagelang ging es so weiter. Wir saßen streng bewacht, eingeschlossen in unserem Raum, einmal am Tage wurden wir hinaufgelassen und durften für eine Stunde frische Luft schöpfen. Eine recht primitive Bedürfnisanstalt war auf dem Vordeck aus ein paar Brettern zusammengeschlagen worden, und wer diese benutzen wollte, mußte sich beim Posten melden. Zwei Soldaten mit aufgepflanztem Seitengewehr geleiteten ihn dann und behielten ihn auch die ganze Zeit über im Auge. Mehr als einer gleichzeitig durfte dazu nicht an Deck erscheinen. Das Essen war gut, richtige Schiffskost, besonders gut war das Brot, die Butter und der überaus reichliche, vorzügliche Jam. Die Zeit vertrieben wir uns, so gut es ging, mit Lesen oder Erzählen, und vor allen Dingen wurde die Frage unserer Zukunft und das, was uns in England erwartete, lebhaft erörtert. Die beiden Posten, die ständig unten im Raum standen, freundeten sich bald mit uns an, und wir haben den armen Tommies mit unseren Erzählungen, wie es an der Kampffront in Frankreich aussähe, ganz furchtbare Angst gemacht.

In der Biscaya bekamen wir sehr schlechtes Wetter.

Das war ein Zustand! Zu sechsundfünfzig in dem kleinen Raum eingepfercht, ohne Licht und Luft, und dazu der größte Teil seekrank. Am schlimmsten seekrank waren aber unsere englischen Posten und die Soldaten, die uns das Essen brachten. Sie boten ein Bild des Jammers. Als wir in die Nähe des Englischen Kanals kamen, bemächtigte sich eine allgemeine Nervosität und Unruhe der englischen Schiffsbesatzung. Täglich wurde Musterung mit Schwimmwesten abgehalten. Unsere Erholungsstunden an Deck fielen aus, und die englischen Soldaten hörten mit ihrem ängstlichen Gefrage nach unseren U-Booten überhaupt nicht mehr auf. Was haben wir denen die Hölle heiß gemacht!

Endlich nach zehn Tagen lief der Dampfer in Plymouth ein. Als die Ankerkette rasselte und wir, sicher vor U-Booten, in dem schützenden Hafen lagen, konnten wir durch die Schottür sehen, wie die englischen Soldaten auf die Knie sanken, und hörten, wie sie kirchliche Lob- und Danklieder sangen zum Dank für die Errettung aus deutscher U-Boots-Gefahr.

Gleich nach der Ankunft kam ein Tender längsseit und nahm uns Gefangene mit selbstverständlich der doppelten Anzahl der Bewachung auf und brachte uns an Land.

Auf die Ankunft so vieler Gefangenen schien man nicht vorbereitet zu sein. Die Engländer waren einfach kopflos. Kein Mensch wußte, was mit uns geschehen sollte, kein Mensch, der Rat schaffen konnte.

Endlich wurden wir in einen Zug verladen, ich selber kam allein in ein Abteil, rechts und links von mir und mir gegenüber je ein Unteroffizier mit aufgepflanztem Seitengewehr, die den strengen Befehl erhalten hatten, mich scharf zu bewachen. Der Grund zu dieser besonderen Ehre war folgender:

Als ich eingesehen hatte, daß es gänzlich ausgeschlossen war, daß ich jemals wieder freigelassen würde oder man mich als Schweizer anerkannte, hatte ich mich auf dem Dampfer ebenso wie die anderen Gefangenen dem führenden Offizier zu erkennen gegeben und verlangt, daß ich meinem Range entsprechend behandelt würde. Der englische Offizier erklärte mir, mich sofort in die erste Klasse aufzunehmen, wenn ich mein Ehrenwort geben würde, niemals einen Fluchtversuch zu machen und in diesem Kriege nicht mehr mitzukämpfen. Da ich dieses Ansinnen selbstverständlich mit Entrüstung ablehnte, wurde ich wieder in den Laderaum geschickt. Der einzige Erfolg war die strengere Bewachung.

Abends bei Dunkelheit kamen wir in Portsmouth an. Auf dem Bahnhof und auch sonst wußte keiner, was mit uns anzufangen. Auch hier schien alles durch die ungeheuer große Gefangenenzahl (wir waren sechsundfünfzig Männekens) vollständig den Kopf verloren zu haben.

Schließlich wurden wir in das Arresthaus (ein etwas besseres Gefängnis) geschafft. Auch hier große Überraschung und Verwirrung. Das Arresthaus ist dazu da, betrunkene Soldaten und Matrosen, die nachts auf den Straßen oder im Lokal aufgesammelt werden, unterzubringen, um sie ihren Rausch ausschlafen zu lassen und dann am nächsten Tage, nach Verabfolgung einer gehörigen Tracht Prügel, ihren Kommandos wieder zuzustellen. Ein alter, widerlicher Gefängniswärter und zwei ebenso alte, aber gemütliche und biedere Soldaten hatten die Aufsicht. Auf drei Zimmer wurden wir verteilt. Die Räume waren vollständig leer, eine elende Gasflamme erhellte sie notdürftig. Die Fenster waren zum großen Teil zerbrochen, es herrschte eine grimmige Kälte, und die Kamine hatten selbstverständlich kein Feuer. Den ganzen Tag hatten wir nichts zu essen bekommen, und hungrig wie die Wölfe hatten wir uns auf die Abendkost gefreut.

Abendbrot? Auch nicht vorhanden!

Da gingen wir denn zu den beiden alten Soldaten, und in kurzer Zeit hatten wir mit ihnen Freundschaft geschlossen. Ein kleines Trinkgeld bewirkte Wunder. Die alten Knacker rissen sich fast die Beine für uns aus. Wir gaben ihnen Geld mit, und schon nach einer halben Stunde keuchten sie schwer beladen mit Brot, Butter und Aufschnitt herein. Zwei riesige Töpfe Tee, mit Milch und Zucker gemischt, wurden aufgesetzt, Holzkohle konnten wir uns selber holen, und bald prasselte in allen drei Kaminen ein wundervolles Feuer. Die Eßvorräte waren ganz ausgezeichnet und so reichlich, daß selbst wir Ausgehungerten etwas übrigließen.

Unsere gute Laune erreichte ihren Höhepunkt, als die Soldaten uns einige englische Zeitungen zusteckten. Der geistige Hunger war ja noch größer gewesen als der körperliche, denn seit Wochen hatten wir nicht das geringste von dem, was in der Welt vorging, gehört. Wenn auch in den Zeitungen natürlich nur von englischen, französischen und russischen Siegen berichtet wurde, so wußten wir doch wenigstens, wo was los war.

Streng verboten war uns auch der Alkohol. Doch auch in England schien ein Verbot nur zum Übertreten dazusein. Einer von unseren Posten war nämlich Mitglied einer in England und Amerika weit verbreiteten Freimaurerloge, in der zufällig auch mein Freund, der andere Schloßherr, Meister war. Als der Soldat das Freimaurerabzeichen im Knopfloch meines Freundes erkannte, da war die Freundschaft besiegelt. Im Erdgeschoß unseres Gefängnisses war eine kleine Kantine, und einer nach dem anderen von uns wurde von dem guten Logenbruder heruntergeführt, stärkte sich unten und konnte auch seine Tasche mit Bierflaschen gefüllt heraufbringen.

Das Beste war, daß unsere Posten, die mit aufgepflanztem Gewehr vor unserer Tür Wache gingen, uns ruhig weggehen ließen und uns sogar baten, wir möchten ihnen einige Flaschen Bier mit heraufbringen. Um neun Uhr abends waren unsere Posten bereits so weit, daß wir mit ihnen zusammen Gewehrgriffe übten, um elf Uhr abends ließ der eine Posten sogar sein Gewehr fallen und kippte selber mit dem ganzen Kohlenkasten, auf dessen Rand er sich gesetzt hatte, um.

Wenn ich damals schon die Erfahrungen besessen hätte, die ich mir nach fünfmonatiger Gefangenschaft angeeignet hatte, ich wäre da schon ausgerückt.

Sowohl in diesem Gefängnis wie auch in allen anderen Lagern, wo wir mit den englischen Tommies zusammenkamen, war deren erste Bitte, nachdem wir uns etwas angefreundet hatten, ihnen einen Zettel zu überlassen mit unserer Adresse und womöglich noch der Adresse von Bekannten in Deutschland und der Bescheinigung, daß der englische Soldat Soundso uns gut behandelt hätte. Diese Zettel wurden von ihnen wie Heiligtümer aufbewahrt, damit sie sie vorzeigen könnten, wenn sie an die Front kämen und in deutsche Gefangenschaft gerieten.

Zum Schlafen erhielten wir winzige Zeltstrohsäcke, die so kurz waren, daß unten die Füße von den Waden ab herausragten, und so schmal, daß nur ein ganz geschickter Zirkuskünstler mit dem Rücken darauf balancieren konnte. Dazu gab's zwei wollene Decken. Wie die Bären haben wir geratzt. Allerdings lagen wir am andern Morgen alle neben den Matratzen. Am nächsten Morgen, es war Sonntag, erschien ein hoher Armeeoffizier, um uns zu besichtigen. Er fragte nach unseren Wünschen. Ich berief mich nochmals darauf, daß ich Offizier wäre und als solcher das Recht hätte, zu verlangen, als kriegsgefangener Offizier behandelt zu werden. Der Mann war sehr liebenswürdig, versprach mir alles, wenn wir erst am nächsten Tage an unserem Bestimmungsort angelangt wären, und – – hielt nichts.

Endlich, am Montag, wurden wir aus unserem Gefängnis befreit. Wie immer, dicht umringt von unserer Wachmannschaft, marschierten wir zum Hafen, nahmen auf einem kleinen Dampfer Platz und fuhren auf die Reede hinaus.

Nach einer einstündigen Fahrt legten wir an einem riesigen Dampfer an, der als Gefangenenlager diente. Nach einer längeren Verhandlung mußten wir wieder ablegen, da der Kommandant des Dampfers erklärte, er wüßte von uns nichts und hätte außerdem keinen Platz. Bei dem nächsten Dampfer, es war der Cunard-Liner „Andania“, dasselbe Schauspiel. Ob nun der englische Offizier, der uns führte, ein englischer Major, besser schimpfen konnte als der Lagerkommandant, oder woran es lag, jedenfalls gingen wir nach einer halben Stunde an Bord.

Ein dicker, aufgeblasener englischer Armeeleutnant, der die Stellung des Lagerkommandanten und gleichzeitig Dolmetschers auf diesem Schiff bekleidete, nahm uns in Empfang.

Als ich an der Reihe war, gemustert zu werden, brachte ich in höflichem Tone mein Anliegen vor und verlangte energisch, daß ich den Bestimmungen gemäß in ein Offizierslager gebracht würde. Die Antwort dieses Gentleman war unerhört und zeigte seinen gemeinen Charakter recht deutlich.

„Sie werde ich ganz besonders schlecht behandeln, ich habe schon von Ihnen gehört, Sie sind aus Tsingtau ausgekniffen und haben mehrere Male Ihr Ehrenwort gebrochen; wenn Sie noch einen Ton hier sagen, sperre ich Sie ein und lasse Sie so lange hungern, bis Sie überhaupt nicht mehr reden können. Die englischen Offiziere werden in Deutschland so schlecht behandelt, das sollen Sie jetzt büßen.“

Das waren mir nette Aussichten. Was sollte ich dagegen machen?

Auf dem Dampfer waren über tausend Gefangene. Die Unterbringung das Schamloseste, was ich jemals gesehen. Ohne Licht und Luft saßen die Leute in den unteren Räumen des Schiffes zusammengepfercht, und die einzige körperliche Bewegung bestand im Aufundablaufen auf dem schmalen Vor- und Achterdeck. Als wir in den für uns bestimmten Raum geführt wurden, packte mich ein wahres Grauen. Ich glaube, ich wäre verrückt geworden, hätte ich da längere Zeit hausen sollen. Unser englischer Unteroffizier schien ein vernünftiger Mann zu sein. Ich hatte sogar das Glück, durch ihn mit meinem Schlosserkameraden eine kleine Kabine an der Bordwand zu erhaschen, die sogar ein Bullauge besaß. Das Leben an Bord war höchst eintönig. Morgens um sechs Uhr Wecken und abends um zehn Uhr Licht aus. Vor- und nachmittags mußten wir je zwei Stunden an Oberdeck herumstehen, und jeden Mittag war Appell. Die Mahlzeiten nahmen wir in den riesigen Speisesälen des Dampfers ein. Wir saßen zu zwölf an einem Tisch, und genau wie alle anderen ging ich meinen Stubendienst, holte aus der Kombüse das Essen für den ganzen Tisch und wusch auch das ganze Speisegeschirr mit ab.

Unser Kommandant hieß übrigens Maxstedt; er war Whiskyreisender von Zivilberuf und hatte dabei wohl so viel Geld verdient, daß er sich sein Offizierspatent kaufen konnte. Über eins hatte er sich besonders geärgert. Gleich nach unserer Ankunft wurden wir gefragt, wer von uns täglich zwei Mark fünfzig Pfennig bezahlen wolle. Dafür könnten die Betreffenden in einem Raum für sich allein und etwas Besseres essen und brauchten ihr Eßgeschirr nicht selbst abzuwaschen. Daß keiner von uns auf diesen Schwindel hineinfiel, hatte ihn besonders erbost.

Am zweiten Tage hatte ich meinen englischen Bericht an die englische Regierung fertig und stieg damit zum Herrn Maxstedt hinauf. Höhnisches Grinsen seinerseits. „Sie wissen doch, Ihr Gesuch gebe ich weiter, aber was ich dazuschreibe, das können Sie sich wohl denken. In Deutschland müssen die englischen Generale wie die Pferde vor dem Pflug hergehen, das sollen Sie jetzt büßen."

Es war vergeblich, ihn von der Torheit seiner Behauptungen überzeugen zu wollen. Jeden Abend bei der Ronde nach dem Zubettgehen kam er extra in meine Kammer, drehte das Licht an und sagte: „Still here?“ – Zu kindisch!

Eines Tages wurde uns fünfzig Zivilgefangenen von Herrn Maxstedt befohlen, das Deck der ersten Klasse zu scheuern und die dortigen Bullaugen zu putzen. Unser Streik war selbstverständlich. Als wir bei unserer Weigerung blieben, wurden wir mit Zweimal-Mittagessen-Entbehren und Abends-um-neun-Uhr-Zubettgehen bestraft. Dabei war der Maxstedt so feige, daß er nicht wagte, bei der Musterung an unserer Front vorbeizugehen und uns die Strafe selbst aufzubrummen. Vielmehr blieb er in respektvoller Entfernung und sandte nur seinen Unteroffizier als Herold.

Maxstedt schäumte.

„Natürlich“, sagte er, „ist wieder dieser flying man dran schuld, der stachelt noch die ganze Besatzung zur Meuterei auf, aber ich werd’s ihm eintränken, ich werde ihn schon vor das Kriegsgericht bringen.“

Die Sache wurde mir doch zu bunt, ich war vollständig unschuldig und schrieb Maxstedt einen recht energischen Brief, in dem ich unter anderem betonte, ich hoffte, er sei nur temporary lieutnant, nicht aber auch temporary gentleman. Das half!

Maxstedt behauptete, mit diesem flying man nichts mehr zu tun haben zu wollen, und schon am nächsten Tage lag ein Dampfer längsseit und führte mich mit noch einigen Leidensgenossen von der „Andania“ und seinem gemeinen Gefängniswärter fort.

Wie wohl war mir da zumute! Mit der Eisenbahn ging es wieder stundenlang westwärts. Ich natürlich wieder in einem Kupee allein, diesmal außer den drei Unteroffizieren auch noch von einem Offizier bewacht.

Abends langten wir in Dorchester an.

Hier wehte eine andere Luft, das merkte man gleich. Ein englischer Kapitän namens Mitchell vom Gefangenenlager trat auf mich zu und fragte mich höflich, ob ich Offizier sei.

„Ja!"

„Dann wundert es mich aber sehr, daß Sie in ein Mannschaftslager gebracht werden. Bitte, verzeihen Sie, daß ich Ihnen keinen Offizier zu Ihrer Begleitung stelle, ich gebe Ihnen aber meinen ältesten Feldwebel, wollen Sie dann, bitte, allein hinter den anderen Gefangenen hergehen."

Ich war sprachlos.

Als wir durch das entzückende, saubere Städtchen hindurchmarschierten, da erscholl plötzlich hinter uns frisch und hell und klar und mit Begeisterung geschmettert „Die Wacht am Rhein", dann schönste Soldatenlieder und „O Deutschland hoch in Ehren". Wir wähnten zu träumen, und als wir uns verwundert umsahen, marschierte hinter uns ein Trupp von zirka fünfzig strammen deutschen Soldaten, die von dem Lager zum Bahnhof kommandiert waren, um unser Gepäck abzuholen.

O wie schwoll einem das Herz! Mitten in Feindesland, trotz Wunden und Gefangenschaft diese helle Begeisterung, dieser schmetternde Gesang! Das muß ich den Engländern lassen, sie waren außerordentlich tolerant, und die Bevölkerung hat sich stets mustergültig betragen. Stumm stand sie dichtgedrängt zu beiden Seiten der Straße, aus allen Fenstern schauten blonde Köpfchen hervor, nirgends eine verächtliche Bewegung, nirgends ein Schimpfwort. Ja zum Teil schien man den alten deutschen Melodien wie einem Wunder zu lauschen.

Im Lager erhielten wir Zivilgefangene zu je dreißig eine kleine Holzbaracke angewiesen, die unseren Schlaf-, Wohn- und Eßraum bildete. Ein winziger Zeltstrohsack, der direkt auf dem Fußboden lag, und zwei wollene Decken bildeten unseren Schlafplatz. Mein Kapitän bat mich, mit dem zur Verfügung Stehenden vorliebzunehmen, da er leider für mich aus Platzmangel kein Extrazimmer frei hätte.

Das Lager von Dorchester faßte rund zwei- bis dreitausend Gefangene und bestand zum Teil aus alten Rennställen und aus Holzbaracken. In denselben Ställen hatten bereits vor hundert Jahren deutsche Husaren gelegentlich des Besuchs des Feldmarschalls Vorwärts in England als Gäste gehaust!

Die Gefangenen fühlten sich hier sehr wohl, das Essen war gut und reichlich, die Behandlung einwandfrei, und für sportliche Betätigung war gut gesorgt.

Besonders der Kapitän Mitchell und der Major Owen haben sich um das Wohlergehen unserer Leute verdient gemacht. Beide waren prächtige alte Soldaten von echtem Schrot und Korn, hatten viele Kriege und Kämpfe mitgemacht und wußten den Soldaten richtig anzufassen. Diese beiden und der englische Arzt haben dann auch unseren Leuten eine Musikkapelle, Turngeräte und Sportspiele geschenkt und, wo sie konnten, den Leuten Gutes getan. Ein ganz hervorragendes Verdienst hat sich der älteste deutsche Gefangene, ein Feldwebelleutnant X. aus München, erworben. Er war Kaufmann von Zivilberuf und sprach fließend Englisch. Ein ganz hervorragender Mann! Eigentlich war er die Seele des Ganzen, die richtige Mutter des Lagers. Auch nicht das geringste wurde gemacht, was er nicht vorher bestimmt hatte. Er war die rechte Hand des englischen Lagerkommandanten, und ohne ihn wären, glaube ich, die Engländer, die auch nicht den leisesten Schimmer von Organisationstalent besaßen, vollends durchgedreht. Es war geradezu erstaunlich, wie dieser Feldwebelleutnant es verstand, für das Wohlergehen unserer Leute zu sorgen und zwischen unseren Leuten und den Engländern zu vermitteln. Allerdings wußten auch die englischen Offiziere sehr gut, was für eine Stütze sie an ihm hatten. Schon am Tage nach meinem Eintreffen in Dorchester reichte ich nochmals mein Gesuch um Überführung in ein Offizierslager ein, denn wie ich vorausgesehen hatte, war mein erstes Gesuch von Herrn Maxstedt nicht weitergegeben worden. Nach vierzehn Tagen kam das Gesuch vom Kriegsministerium zurück mit der Anfrage, ob ich nicht jemand in England namhaft machen könne, der mich kenne. Nun entschloß ich mich zu dem schweren Schritt, schrieb meinen englischen Bekannten, und schon nach drei Tagen kam von ihnen die

Nachricht zurück, daß sie mich kennten und mich sehr gern legitimieren würden. Nun ging das Ganze nochmals an das War office, und geduldig harrte ich meiner Versetzung.

Wenn es nach dem alten Spruch gegangen wäre: Mit Geduld und Spucke fängt man eine Mucke, hätte ich Milliarden dieser Fliegerkollegen erlegen können. Vorerst blieb ich noch in Dorchester, und als vierzehn Tage nach unserer Ankunft die übrigen Zivilgefangenen wieder weitertransportiert wurden, da konnte ich es erwirken, in dem Soldatenlager Dorchester bleiben zu dürfen.

Aus meiner Baracke zog ich aber aus und siedelte in ein Stübchen des Stalles über, in das ich vom Feldwebel N. liebevoll aufgenommen wurde.

Das Leben in diesem Stübchen war einzig und von bester Kameradschaft beseelt. Außer aus dem Feldwebel bestanden meine Kameraden aus einem riesigen bayerischen Infanteristen vom Leibregiment, der den Spitznamen Schorsch hatte und gleichzeitig unser Koch war, aus einem fixen und gewandten Husarengefreiten, gebürtigen Lothringer, von Zivilberuf Schutzmann, und endlich aus zwei prächtigen Gardeschützen, hünenhaft von Gestalt, echten blonden Friesen. Nach acht Tagen kam noch ein siebenter Gast hinzu, und zwar war dieser der Fähnrich zur See H., der als Flugzeugbeobachter mit seinem Flieger von den Engländern in der Nordsee aufgefischt war, nachdem sie über vierzig Stunden auf dem wracken Flugzeug herumgetrieben waren.

Das Verhältnis auf der Stube war geradezu ideal. Die Mannschaften waren alle bei dem großen Rückzug nach der Marneschlacht gefangengenommen worden und, wie es bei diesen prächtigen Burschen nicht anders zu erwarten war, nur schwerverwundet in Feindeshand gefallen. Eine vornehme Gesinnung, eine Begeisterung und glühende Vaterlandsliebe besaßen diese Leute, daß mir vor Stolz ordentlich das Herz schwoll. Besonders nett waren die Abende. Man hätte uns nur sehen sollen, mit welcher Begeisterung und kindlichen Freude wir abends stundenlang auf einem selbstkonstruierten Brett mit selbsthergestellten Korkenpferdchen unserem Pferdchenspiel oblagen.

Und wenn erst das Erzählen anging!

Alles war mir ja neu, und ich war glücklich, endlich aus bester Quelle von unseren herrlichen Kämpfen und Siegen etwas zu erfahren.

Jeden Nachmittag wurden drei- bis vierhundert Gefangene, selbstverständlich von englischen Soldaten eng umgeben, spazierengeführt. Sehr oft bin ich mitgegangen. Es ging mitten durch das reizende Städtchen, dann im großen Bogen durch die schöne Umgebung. Die ganze Zeit über wurden Soldatenlieder gesungen, beim Hin- und Rückmarsch durch die Stadt mit besonderer Kraft und Begeisterung „Die Wacht am Rhein“ und „O Deutschland hoch in Ehren“. Man stelle sich bloß vor, drei- bis vierhundert unserer bestens Kerls, unserer Sieger unter General Kluck ! Die englische Bevölkerung benahm sich auch hierbei stets einwandfrei. In dichten Reihen stand sie an den Seiten der Straßen, nirgends ein Schimpfwort, nirgends eine Drohung. Eine sehr nette Episode erzählte mir der Feldwebel: Als der Major Owen und Kapitän Mitchell neu zum Lager kommandiert waren, wurden sie von ihren Frauen inständigst gebeten, sich ja nicht ohne Bewachung und ohne schwerste Bewaffnung unter die deutschen Barbaren zu begeben. Die beiden alten Soldaten ließen sich jedoch in ihrer Meinung nicht irremachen, kamen ohne Waffen und wurden – – nicht aufgefressen. Nach einiger Zeit sagten sie zu ihren Frauen: sie sollten doch auch einmal in das Lager kommen und sich davon überzeugen, daß die deutschen Soldaten nicht das wären, zu dem sie in englischen Zeitungen gemacht würden, sondern daß sie wirklich ganz normale Menschen seien.

Die Damen fielen natürlich zunächst in Ohnmacht. Nach vielem Zureden aber, und nachdem ihnen versichert war, daß sie von einer starken Wache umgeben werden würden, wagten sie es, die Dienstzimmer ihrer Männer zu betreten und von oben aus dem Fenster herab dem Treiben der deutschen Soldateska zuzusehen. Der Besuch war bekanntgeworden, und stillschweigend hatte sich unser Männergesangverein unter der Leitung eines jungen talentierten Musikers unter den Fenstern eingefunden und fing an, seine schönsten Lieder zu singen. Die Damen sollen vor Ergriffenheit nicht fähig gewesen sein zu reden, sie traten ans Fenster und weinten bitterlich vor tiefstem Weh. Von nun ab kamen sie öfters, und viel Gutes ist durch sie unseren Leuten getan worden.

Eine andere Geschichte ist auch recht bezeichnend. Ein neuer Oberst kam ins Lager. Bei seiner ersten Besichtigung war er bis an die Zähne bewaffnet und hatte vor und hinter sich einen Soldaten mit aufgepflanztem Bajonett. Als er den Major und den Kapitän vollkommen unbewaffnet und unbegleitet traf, machte er ihnen wegen ihrer Unvorsichtigkeit die größten Vorwürfe.

Er hat sich aber bald gebessert.

An einem Tage ließ dieser neue Kommandant die beiden anderen Herren kommen und sagte ihnen voll Entsetzen: „Ja, denken Sie sich, da sind gestern einige neue Gefangene gekommen, und mir ist gemeldet worden, sie hätten Läuse! So etwas Schreckliches kann doch nur bei diesen Deutschen vorkommen." Darauf drehte sich der Kapitän ganz ruhig zu dem danebenstehenden Major um und sagte ihm: „Sie, Owen, wissen Sie noch, wie wir beide das letztemal im Feldzuge so voller Läuse steckten, daß wir uns nicht rühren konnten?" Der Oberst war sprachlos. Ich muß allerdings hinzufügen, daß der Oberst zwar Oberst war, aber nie in seinem Leben irgendwo militärisch zu tun gehabt hatte. Das gibt's auch nur in England!

Gegen Ende März hielt ich endlich die erste Nachricht aus der Heimat in der Hand. Im Juli Neunzehnhundertvierzehn, kurz vor Ausbruch des Krieges, hatte ich von den Meinen die letzte Nachricht erhalten, die vom Juni stammte. Nun endlich, nach fast neun Monaten, wieder die ersten Zeilen.

Man kann sich vorstellen, wie mir zumute war, als ich den ersten Brief in der Hand hielt und anfangs zögerte, ihn zu öffnen. Alle meine Brüder und Verwandten waren Offiziere, sie alle standen seit Kriegsbeginn im Felde; was für Nachrichten brachten mir diese ersten Zeilen? Die eine Freudennachricht enthielt der kurze Bogen, daß meine Brüder trotz Kampf und Gefahr am Leben waren. Aber auch eine Trauerbotschaft, die mich schwer traf, daß mein geliebtes holdes Schwesterlein, mein treuester Freund und Kamerad, durch die Wirkung des Krieges gestorben war.

Kriegsschicksal!

An einem der letzten Tage des März kam endlich der Befehl, daß ich als Offizier anerkannt worden wäre und in ein Offizierslager übergeführt werden sollte. Mein Bündelchen und mein Hockeystock waren bald zusammengepackt, und nach herzlichem Abschied von den braven Kameraden marschierte ich in meinem besten Päckchen (Anzug) mit dem Major Owen zusammen zum Tore hinaus und zum Bahnhof.

Das feine Taktgefühl des alten Haudegens hat mir besonders wohlgetan. Nach mehrstündiger Fahrt langten wir endlich in Maidenhead in der Nähe von Londen an, wo ich von einem neuen englischen Offizier in Empfang genommen wurde. Und hier, o Wunder, traf ich alte liebe Bekannte wieder. Fünf blanke runde amerikanische Goldstücke, die seinerzeit einem Schlossergesellen, später Schloßherrn Ernst Suse abgenommen waren, wurden meinem neuen Begleiter übergeben, und dieser durfte sie mir jetzt, da ich ja nun wieder Offizier war, ohne weiteres aushändigen.

Die Wiedersehensfreude !

Im Auto ging's jetzt zum Offizierslager Holyport. Die Posten präsentierten, das Drahthindernis wurde geöffnet, und schon war ich von einer freudigen Schar von Kameraden umringt.

Ja, wer hätte das gedacht.

Sie, die ich vor fast drei Vierteljahren in Tsingtau zum letzten Male gesehen hatte, die Sieger von Coronel, die wenigen überlebenden Tapferen von den Falklandinseln, traf ich hier wieder. Die Freude kann man sich kaum vorstellen.

Das Fragen und Erzählen! Kein Ende wollte es nehmen. Und dann geschah für mich ein Wunder. Ich wurde in ein Zimmer geführt, und da standen wahrhaftig sechs bis acht Betten, richtige schöne Betten, weiß und sauber bezogen. Fast acht Wochen war ich gefangen, nun das erste Bett, das ich zu Gesicht bekam. Kann man da verstehen, mit welcher Scheu und Andacht ich mich an diesem Abend hineinlegte?

In der ersten Zeit kam ich mir wie im Paradiese vor. Besonders da ich hier endlich wieder als Mensch behandelt wurde. Ich war wieder unter meinen Kameraden, fand liebe Freunde und viel geistige Anregung.

Die Behandlung im Lager war gut, der englische Kommandant ein verständiger Mann, bemüht, uns das Leben zu erleichtern.

Das Gebäude selbst war ein altes Kadettenhaus, im ganzen waren hundert kriegsgefangene Offiziere im Lager, und wir waren auf Stuben bis zu acht oder zehn Offizieren untergebracht.

Diese Stuben waren gleichzeitig unser Schlaf- und Aufenthaltsraum. Außerdem gab es noch eine große Reihe von Messe-, Lese- und Speiseräumen, in denen wir uns, wenn wir nicht an der frischen Luft waren, meist aufhielten. Das Essen war echt englisch, also dadurch den meisten Deutschen wenig zusagend, aber gut und reichlich. Es wurde sehr dadurch verbessert, daß wir am Anfang eigene Meßführung hatten, welche später leider vom englischen War office aufgehoben wurde.

Den ganzen Tag über waren wir ziemlich ungestört. Wir konnten uns im Gebäude und in einem mäßig großen Garten, der das Haus umgab, frei bewegen; morgens um zehn Uhr Musterung und abends um zehn Licht aus und Ronde.

Dem Stacheldrahthindernis, welches das Ganze umgab und Tag und Nacht streng bewacht und beleuchtet war, durften wir uns selbstverständlich nicht nähern, geschweige denn dieses Gehege verlassen. Nur vor- und nachmittags wurde das Hindernis für uns geöffnet, und wir konnten durch ein Spalier von englischen Soldaten zu einem zweihundert Meter entfernt liegenden Sportplatz gehen. Für unseren Sport war mustergültig gesorgt. Zwei prachtvolle Fußball- und vor allen Dingen Hockeyplätze standen uns zu unserem ausschließlichen Gebrauch zur Verfügung, und wir haben da gespielt, daß selbst den Engländern die Augen übergingen. Daß auch dieser Platz selbstverständlich mit Stacheldraht und Posten umgeben war, brauche ich wohl nicht zu erwähnen.

Sehr angenehm war es, daß wöchentlich zweimal ein sehr guter Schneider und ein Wäschelieferant mit vorzüglicher Wäsche in das Lager kam und es uns dadurch ermöglicht wurde, uns wieder anständig anzuziehen.

Als Gehalt bekamen wir monatlich einhundertundzwanzig Mark, wovon gleich sechzig Mark monatlich für unsere Verpflegung einbehalten wurden. Die übrigen sechzig Mark konnten wir für uns ausgeben, außerdem konnte man sich von Hause Geld schicken lassen. Die Post funktionierte tadellos. Die Briefe von Deutschland kamen im allgemeinen regelmäßig an und gebrauchten im ganzen sechs bis acht Tage. Pakete gingen ebensolange.

Mit unseren eigenen Briefen war es allerdings knapp bestellt. Wöchentlich durften wir nur zwei kurze vorgeschriebene Zettelchen schreiben, und wie gerne hätten wir dabei stundenlang unseren Lieben daheim erzählt! Die Briefpost, die war ja unser ein und alles. Nach der Briefausgabe berechneten wir die ganze Tageseinteilung, nach den Briefen richtete sich unser ganzer Seelenzustand, überhaupt hing die ganze Stimmung im Lager von der Post ab.

Jeden Morgen wiederholte sich dasselbe Schauspiel. Wenn der Dolmetscheroffizier mit den Briefen kam, blieb alles stehen und liegen, alles war vergessen. Von einer lautlosen Menge Harrender war der englische Offizier umgeben. Jeder hatte in seinem Herzen den heißesten Wunsch, daß ihm der heutige Tag einen Gruß aus der Heimat, eine Zeile von lieber Hand geschrieben bringen möge. Und dann die Freude, wenn was da war, und die Trauer und Niedergeschlagenheit, wenn man mit leeren Händen abziehen mußte.

Im letzteren Falle sagten wir immer „Wieder mal ein Tag verloren!"

Als ich rund zwei Monate später in Deutschland war und von vielen Seiten gefragt wurde, womit man dem Kriegsgefangenen eine Freude machen könne, habe ich immer nur gesagt: „Schreibt, schreibt, so viel ihr könnt; die Briefe sind das, wonach der Gefangene sich am meisten sehnt."

Unser Zusammenleben war den Umständen entsprechend ein äußerst kameradschaftliches. Besonders nett waren die Abende, an denen wir in Gruppen um die schönen großen Kamine saßen. Mächtige Holzkloben brannten, und dann hub ein Erzählen an von Schlachten und Siegen, von Not und Tod und von wilden abenteuerlichen Erlebnissen. Viele gute Bücher, ein Streichquartett und ein Gesangverein, den wir uns gegründet hatten, trugen wesentlich zur Unterhaltung bei.

Auch mancher Ulk wurde getrieben, und wenn man sich endlich wieder einmal so recht herzhaft ausgeschüttet hatte vor Lachen, dann atmete man erleichtert auf, und für kurze Zeit wich dann der furchtbare Druck der Gefangenschaft von uns.

Unser kameradschaftliches Zusammensein wurde Ende April plötzlich gestört.

Eines Abends kam der Befehl, daß fünfzig von uns hundert Offizieren am nächsten Morgen zu dem Offizierslager in Donington Hall übergeführt werden sollten. Die Aufregung bei uns war groß, denn keiner wollte weg. Es half kein Bitten und kein Sträuben, es hieß einfach: Koffer packen und abmarschieren. Der einzige Seeoffizier, der mit wegkam, war leider ich, und zwar auf besonderen Befehl des englischen Lagerkommandanten, da ihm die Nähe Londons für mich zu gefährlich schien.

Da ich fortkam, schloß sich auch der zweite Flieger von der Armee, mein treuer Freund Siebel, an. So blieben wir beiden Flieger wenigstens zusammen.

Am ersten Mai ging's also los. In Autos zu je fünf wurden wir zum Bahnhof Maidenhead gefahren, wo zwei

Extrawagen für uns bereitstanden. In den Abteilen blieben wir ungestört für uns allein, die Wagen selbst wurden aber von Soldaten streng bewacht.

Stundenlang rollten wir nun durch die Gegend nach Norden zu. Die Menge auf den Bahnhöfen sah zwar neugierig in unsere Kupeefenster, jedoch verhielt sie sich vollkommen ruhig. Nur hin und wieder streckte uns ein altes Weib, wahrscheinlich Suffragette von Zivilberuf, ihre wenig schöne Zunge aus. Am Nachmittage langten wir endlich auf der Station Donington Castle, in der Nähe von Derby, an, stiegen aus und mußten in Gruppenkolonnen auf dem Bahnhof antreten. Umringt von zirka sechzig bis siebzig Soldaten, marschierten wir auf das Kommando „Quick marsh“ ab. Außerhalb des Bahnhofs empfing uns eine johlende Menge. Fast alles Weiber und halbwüchsige Burschen und Kinder, nur wenige Männer. Den meisten von uns war von Frankreich her dies unwürdige Benehmen der Bevölkerung reichlich bekannt, in England war es etwas Neues. Die Weiber und jungen Mädchen, der niedrigen Bevölkerung angehörend, benahmen sich wie die Wilden. Heulend und pfeifend liefen sie neben und hinter uns her, ab und zu flog ein Stein oder Straßenschmutz in unsere Reihen. Aber im großen und ganzen lachten sich die Demonstrantinnen halbtot dabei und schienen sich bei ihrem Gejohle köstlich zu amüsieren. Bei der ersten Straßenbiegung kam ein Automobil hinter uns her gefahren. Am Steuer saß fett und hochnäsig unser englischer Dolmetscheroffizier, Mr. Meyer, den wir später noch zur Genüge kennenlernen sollten. Herr Meyer wollte sich uns so recht zeigen, und schon – – – hatte er einen seiner eigenen Leute, die uns eskortierten, umgefahren. Ein allgemeines Geschrei und Geschimpfe, kein Mensch, der irgend etwas veranlaßte. Schließlich sprangen zwei von uns „Barbaren“ hinzu und zogen den unglücklichen Tommy unter dem Auto hervor.

Nun richtete sich die ganze Wut der Weiber gegen Herrn Meyer, und wenn der nicht schleunigst weitergefahren wäre, hätten sie ihn womöglich noch verprügelt. Daß sie es nicht taten, war ein Jammer. Der Zwischenfall war bald vergessen, und weiter johlte die Menge. Immer frecher wurde sie, immer mehr Schmutz wurde auf uns geworfen, als plötzlich – ruhig und behäbig, mit gesenkten Köpfen nachdenklich wiederkäuend vier, fünf Kühe uns entgegenkamen, die an beiden Seiten bei uns vorbei wollten. Was nun folgte, war so komisch, daß wir alle samt unseren englischen Tommies stehenblieben und uns vor Lachen bogen. Kaum daß die bisher so mutigen Weiber die Kühe sahen, fingen sie auch schon an, furchtbar aufzuschreien, machten kehrt und liefen in wildester Flucht davon. Rücksichtslos wurden die Schwächeren von den Stärkeren umgestoßen, und bald lag ein wild strampelndes Knäuel vor Angst kreischender Weiber zu beiden Seiten der Straße im Graben.

Von nun ab hatten wir Ruhe, und unbelästigt setzten wir in ziemlichem Geschwindschritt unseren Weg fort.

Bei dem ganzen Marsch paßte ich scharf auf die Wege und einzelne besonders markante Punkte auf. Man konnte ja nie wissen, wozu einem das mal gut sein würde!

Die Sonne brannte glühend vom Himmel herab, und in Schweiß gebadet langten wir nach anderthalb Stunden in unserem neuen Heim Donington Hall an.

Hier herrschte Disziplin.

Die Tore und Drahthindernisse öffneten sich, die ganze Wache stand unter präsentiertem Gewehr angetreten, der Wachtkommandant und zwei Leutnants auf dem rechten Flügel mit der Hand an der Mütze.

Nachdem wir vom englischen Lagerkommandanten empfangen waren, wurden wir auf unsere Stuben verteilt, und es glückte mir, mit vier anderen Kameraden, darunter selbstverständlich meinem Freunde Siebel, eine sehr nette kleine Stube zu erhaschen.

Auch hier traf ich eine große Anzahl alter Bekannter wieder. Da waren die Geretteten vom „Blücher“, von Torpedobooten und kleinen Kreuzern und mehrere Armee- und Marineflieger.

Donington Hall stellte das Mustergefangenenlager von England vor. Nach allem, was wir bereits wochenlang in englischen Zeitungen darüber gelesen hatten, mußte es ein Paradies sein. Täglich fand man spaltenlange Artikel in den Zeitungen, in denen die Regierung angegriffen wurde, daß sie die deutschen Gefangenen zu luxuriös untergebracht habe. Wie immer, so gebärdeten sich die Frauen dabei am wildesten und hatten sogar die Erzwingung der Räumung Donington Halls zu einer Frauenfrage Englands gemacht! Selbst das Parlament mußte sich wiederholt mit diesem Thema beschäftigen. Da sollten Spielsäle sein und mehrere Billards, das Gebäude wie ein Schloß eingerichtet sein, ein besonderer Wildpark sollte für die Offiziere gehegt und für die deutschen Gefangenen sogar Fuchsjagden veranstaltet werden.

Nichts von alledem war wahr. Wohl war Donington Hall ein großes altes Schloß, aus dem siebzehnten Jahrhundert stammend, umgeben von einem prächtigen alten Park, doch waren die Räume vollständig kahl und die Einrichtung so primitiv und kümmerlich wie nur irgend denkbar. Von Billards und Spielsälen und Fuchsjagden keine Spur. Aber tadellos sauber war alles, und dafür sorgte der englische Kommandant mustergültig. Nach unserer Ankunft waren wir im ganzen rund einhundertzwanzig Offiziere und wohnten schon dicht gepökelt. Das Lager war aber für vier- bis fünfhundert Offiziere berechnet worden. Das hätte ja eine feine Sache gegeben, da jetzt schon die Speiseräume und die Kochgelegenheit, Bade- und sonstige Einrichtungen nicht langten.

Besonders angenehm war der schöne Park für uns.

Unser ganzer Aufenthaltsraum war in zwei Zonen eingeteilt, in die sogenannte Tag- und in die Nachtgrenze. Diese Gebiete wurden begrenzt durch mächtige Drahthindernisse, die zum Teil elektrisch geladen waren, nachts durch mächtige Bogenlampen erhellt und Tag und Nacht durch Posten scharf bewacht wurden.

Das Drahthindernis der Nachtgrenze umschloß das Haus und die davorliegenden Tennis- und Sportplätze; die Taggrenze erstreckte sich auch noch auf den Park.

Abends um sechs Uhr war große Musterung, und nachdem alles anwesend und zur Stelle war, wurde die Taggrenze geschlossen, die sich erst am nächsten Morgen um acht Uhr wieder öffnete. Das Leben in Donington Hall war fast das gleiche wie in Holyport, nur daß wir hier durch den Park sehr viel mehr Bewegungsfreiheit hatten, fast noch mehr Sport trieben, falls es überhaupt möglich war, und drei sehr gute Tennisplätze besaßen. Die Verpflegung war auch hier echt englisch und schmeckte sehr vielen nicht, aber gut und reichlich. Der englische Oberst war recht vernünftig. Zwar knurrte er oft und war ziemlich kommissig, aber ein vornehmer, verständiger Mann, tadelloser Soldat vom Scheitel bis zur Sohle, und das war die Hauptsache. Er hat alles Mögliche getan, um uns das schwere Los zu erleichtern, und hat sich ganz besonders für unsere Sportspiele interessiert. Und das war gut.

Ein unangenehmer Vertreter war der englische Dolmetscher, der Leutnant Meyer (der pampige Autofahrer), ein würdiges Gegenstück zu meinem Freunde Maxstedt von der „Andania"; ebenfalls nicht nur „temporary lieutnant", sondern auch „temporary gentleman". Er stammte aus Frankfurt am Main, war vor dem Kriege Schmierendirektor gewesen und tat nichts, um seinen niederen Charakter zu verbergen. Ich glaube, der englische Oberst verachtete ihn geradezu, und die englischen Sergeanten, mit denen wir gelegentlich einige Worte in der Kantine sprachen, sagten uns wörtlich: sie hofften sehr, daß wir nicht glaubten, daß alle englischen Offiziere so wären wie dieser Mr. Meyer.

Eines Abends gegen Ende Juni hatten wir ein köstliches Erlebnis. Draußen, außerhalb des Stacheldrahtes, war sehr viel Reh- und Damwild, oft in Rudeln bis zu Hunderten, zusammen, die zahm wie die Ziegen herumliefen.

An diesem Abend nun lief ein allerliebstes kleines Kitzlein, welches seine Mutter verloren hatte, am Stacheldraht vorbei, und auf unser Locken und Rufen kroch es geschickt durch das Hindernis hindurch und gelangte in das Lager. Unsere Freude war groß. Geradezu eine Sensation für uns.

Das Kitzlein wurde umringt und gestreichelt und geliebkost (die Jäger knurrten), und schließlich wurde es im Triumph auf den Armen eines Leutnants in die Burschenstube getragen, wo sich einer unserer Jäger befand, der es großziehen sollte.

Woher der Meyer davon Wind bekam, weiß ich nicht, jedenfalls ließ er sich plötzlich den deutschen Lageradjutanten kommen, und mit vor Schrecken bebender Stimme fragte Meyer:

„Leutnant S., ist es wahr, es ist ein Tier im Lager?"

„Ja, ein Tier!"

„Und ist durch das Stacheldrahthindernis gekommen?"

„Ja, es ist einfach durchgekrochen."

„Oh, das ist ja schrecklich!" meinte Mr. Meyer, und dabei schien ihm die Stimme zu verlöschen. „Ich muß gleich sehen, wo das Loch ist, wo das große Tier hindurchgekrochen ist, sicher haben die deutschen Offiziere den Stacheldraht zerschnitten, um zu fliehen; das Tier muß auch sofort entfernt werden!"

Und so geschah es.

Und, es ist kein Scherz, zwanzig Mann der Wache mit aufgepflanztem Seitengewehr wurden gepfiffen, der eine deutsche Soldat mit dem unschuldigen winzigen Kitzlein wurde von ihnen in die Mitte genommen, und auf „Quick marsh" marschierte der ganze Zug zu dem inneren Tor des Hindernisses. Dann wurde dieses geöffnet, die zwanzig Mann mit dem einen deutschen Soldaten und dem Kitzlein traten in den Zwischenraum, die sogenannte Schleuse, das innere Tor wurde sorgfältigst abgeschlossen, dann erst das äußere geöffnet, der Soldat mußte das Kitzlein ins Freie setzen, und dann wurde die ganze Prozession zurückgemacht. Oh, Mr. Meyer, wie hast du dich blamiert !

Nun wurde das ganze Hindernis sorgfältigst untersucht, und trotzdem nicht die geringste Lücke gefunden werden konnte, durch die ein Mensch hätte kriechen können, wollte Meyer sich tagelang nicht beruhigen.

Außer der Post bildete täglich der Zeitungsempfang den Hauptmoment des Tages. Die „Times“ und „Morning Post“ durften wir uns halten, und wenn sie auch fast nur von Ententesiegen berichteten, so kannten wir die Zeitungen bald so gut, daß das, was wir zwischen den Zeilen lasen, uns ein, ungefähr genaues Bild der Sachlage gab.

Und die Wut in den Zeitungen, als die „Lusitania“ sank, und der Ärger, wenn die Russen, selbstverständlich nur aus strategischen Gründen, weiter zurückgingen!

Wir hatten mehrere riesig große, bis ins kleinste genaue Karten der Kriegsschauplätze angefertigt, und jeden Morgen um elf Uhr waren unsere „Generalstäbler“ bei der Arbeit und steckten die Fähnchen um. Und oft stand selbst der englische Oberst davor und schüttelte bedenklich den Kopf.

Die Flucht

Mit der Zeit wurde die Gefangenschaft unerträglich. Keine Briefe von Hause, nicht die vielen herrlichen Pakete, die mir von lieber Hand gesandt wurden, halfen mir, auch nicht die treuen Kameraden, nicht das Hockeyspiel, dem ich mich mit einem derartigen Eifer hingab, daß ich abends wie tot vor Müdigkeit hinsank.

Nichts half, alles war vergebens.

Endlich hatte auch mich, wie so unendlich viele vor mir schon, die Gefangenenkrankheit gepackt.

Die Krankheit der furchtbarsten Verzweiflung, der vollständigsten Hoffnungslosigkeit.

Trostlos!

Stundenlang lag ich wie viele andere im Grase und starrte mit weit geöffneten Augen den blauen Himmel an, und meine ganze Seele sehnte sich empor zu den weißen Wölkchen dort oben und wanderte mit ihnen nach der fernen, lieben Heimat. Und wenn gar ein englischer Flieger ruhig und sicher am blauen Firmament vorbeiflog, dann krampfte sich das Herz zusammen, und wilde verzweifelte Sehnsucht schüttelte mich. Der Zustand wurde immer schlimmer, ich wurde gereizt und nervös und unfreundlich gegen meine Kameraden und kam seelisch und körperlich herunter. Und dabei konnte ich doch eigentlich noch zufrieden sein, ich hatte wenigstens was mitmachen können und viel erlebt! Aber so viele andere waren schon in den ersten Gefechtstagen verwundet in Feindeshand gefallen, und die Unglücklichsten waren die, welche bei Beginn des Krieges aus Amerika gekommen waren, dort ihr Hab und Gut, ihr Alles hatten stehen und liegen lassen, um ihrem Vaterland zu dienen, um dann durch den Verrat der Engländer, bevor sie überhaupt die Heimat gesehen hatten, gefangengenommen zu werden.

Unsere Stimmung wurde sehr beeinträchtigt dadurch, daß wir keinerlei Kriegsnachrichten aus Deutschland erhielten. Und wenn wir auch selbstverständlich den englischen Lügenmeldungen nicht Glauben schenkten, es hatte mit der Zeit doch gewaltigen Einfluß auf uns, daß wir wochen- und wochenlang nichts als Gemeinheit gegen Deutschland und nichts als Niederlagen, Revolution und Hungersnot über Deutschland lasen. Die Ungewißheit war auch hier das Schrecklichste, und ganz besonders traf uns die Nachricht von dem gemeinen Verrat Italiens.

Das Triumphieren in den englischen Zeitungen!

Schließlich hielt ich es nicht mehr aus. Es mußte etwas geschehen, wenn ich nicht gänzlich verzweifeln wollte.

Tag und Nacht hatte ich geplant, gegrübelt und überlegt, wie ich dieser elenden Gefangenschaft entrinnen könne. Pläne über Pläne hatte ich entworfen und wieder verwerfen müssen. Mit größter Ruhe und Überlegung mußte hier ans Werk gegangen werden, falls etwas gelingen sollte.

Stundenlang ging ich nun an den verschiedenen Seiten der Hindernisse auf und ab, dabei unauffällig jeden Draht und jeden Pfahl beobachtend. Stundenlang lag ich im Grase in der Nähe einzelner Stellen, die mir günstig schienen, tat, als ob ich schliefe, beobachtete dabei aber scharf jeden einzelnen Gegenstand und die Wege und die Gewohnheiten jedes einzelnen Postens.

Die Stelle, an der ich über den Stacheldraht wollte, stand bei mir fest. Nun handelte es sich bloß noch darum, wie weiterkommen, wenn erst das Hindernis überwunden war. Wir besaßen weder Karte von England, noch Kompaß oder Fahrplan, noch irgendein Hilfsmittel. Sogar die genaue Lage von Donington Hall war uns gänzlich unbekannt. Den Weg bis Donington Castle kannte ich, den hatte ich mir ja auf dem Hinmarsche gründlich eingeprägt. Durch einen Offizier, der zufällig statt von Donington Castle von Derby im Auto gefahren war, erfuhr ich, daß seiner Schätzung nach Derby etwa fünfundzwanzig bis dreißig Kilometer nördlich von Donington Hall liegen müsse und daß er, bevor das Auto in das Dorf eingebogen wäre, eine große Brükke passiert hätte. Nun freundete ich mich mit einem alten biederen englischen Soldaten an, schenkte ihm gelegentlich auch einige Zigarren und lud ihn ab und zu zu einem Glase Bier in die Kantine ein. Nachdem wir schon mehrere Male zusammengesessen hatten, sagte ich ihm, es müsse doch sehr langweilig sein, dauernd in Donington zu sitzen, ob er denn gar keine Abwechslung habe. O ja, meinte er, ab und zu führe er Rad, und manchmal führe er damit auch zum Kientopp nach Derby.

„Was, Derby?“ fragte ich, „das ist ja viel zu weit für Sie, dazu sind Sie ja viel zu alt !“

„Ich und zu alt? No, Sir ! Da kennen Sie einen englischen Tommy schlecht, wenn ich auf meinem Rade sitze, da nehme ich es mit jedem Jungen auf, und in drei bis vier Stunden habe ich die Strecke nach Derby schon zurückgelegt.“

An diesem Tage hatte ich genug erfahren. In der nächsten Woche traf ich meinen alten Freund wieder. Wir begrüßten uns, und ich drückte ihm ein paar Zigarren in die Hand, die ich, trotzdem ich Nichtraucher bin, stets bei mir führte.

„He, sag mal, Tommy,“ fing ich plötzlich an, „da habe ich gestern eine Wette mit einem Kameraden gemacht. Ich behaupte, Derby liegt nördlich von uns, mein Kamerad behauptet, es läge südlich. Wenn ich gewinne, kriegst du einen ordentlichen Topf Bier mit ab.“

Das Whiskyauge meines Freundes glänzte freudig auf, und er versicherte mir mit heiligen Eiden, daß ich recht habe und daß Derby ganz bestimmt nördlich von Donington Hall liege.

Nun war ich klar.

Und mit einem meiner Marinekameraden, dem Oberleutnant zur See Trefftz, der vorzüglich Englisch sprach und England genau kannte, beschloß ich gemeinsame Sache zu machen.

Der vierte Juli Neunzehnhundertfünfzehn war zu unserer Flucht festgesetzt, alles dazu einexerziert und klappte, alle Vorbereitungen waren getroffen.

Am vierten Juli früh meldeten Trefftz und ich uns krank.

Bei der Frühmusterung um zehn Uhr wurde beim Aufrufen unserer Namen „krank“ gemeldet, und nach beendeter Musterung kam der wachthabende Sergeant auf unsere Stuben und fand uns krank in den Betten vor.

Alles in schönster Ordnung.

Der Nachmittag und die Entscheidung rückten heran.

Gegen vier Uhr zog ich mich an, nahm alles, was ich zur Flucht mitzunehmen nötig erachtet hatte, an mich, aß noch einige dicke Butterbrotstullen und nahm dann Abschied von meinen Stubenkameraden und besonders von meinem treuen Freunde Siebel, den ich leider nicht mitnehmen konnte, da er nicht Seemann war und kein Englisch sprach.

Draußen war ein heftiges Gewitter im Gange, und wolkenbruchartig strömte der Regen vom Himmel herab. Die Posten standen naß und frierend in ihren Schilderhäuschen, und daher fiel es auch keinem auf, daß trotz des Regens noch zwei Offiziere Lust verspürten, im Park spazierenzugehen. Im Park befand sich eine von Büschen umgebene Grotte, von der aus man den ganzen Park und den Stacheldraht übersehen, selbst aber nicht gesehen werden konnte.

Hier hinein verkrochen sich Trefftz und ich.

Ein kurzer Abschied noch von S., der uns mit Gartenstühlen zudeckte, und wir waren allein.

Nun konnte nur noch die Vorsehung und unser Glück für uns weitersorgen.

In atemloser Spannung warteten wir. Die Minuten wurden zu Ewigkeiten, doch langsam und sicher verstrich eine Stunde nach der anderen. Als die Turmuhr laut und vernehmlich sechs Uhr schlug, klopfte uns gewaltig das Herz. Wir hörten, wie zur Musterung geklingelt wurde, das Kommando „Stillgestanden!“, dann wurde mit lautem Geräusch das Drahthindernis der Taggrenze geschlossen. Bange Viertelstunden durchlebten wir. Wir wagten überhaupt kaum zu atmen. Jeden Augenblick erwarteten wir bei unseren Namen gerufen zu werden. Es wurde sechs Uhr dreißig, nichts ereignete sich. Ein Alp wich von unseren Herzen. Gott sei Dank, der erste Akt war geglückt! Denn nachdem bei der Musterung bei unseren Namen wiederum „krank“ gemeldet war und die Offiziere wegtreten durften, liefen ein Kamerad für mich und ein anderer Kamerad für Trefftz so schnell wie möglich hinten ums Gebäude herum und legten sich in unsere Betten. Und als der Feldwebel kam, konnte er zufrieden feststellen, daß die beiden Kranken anwesend wären. Da also alles in Ordnung war, wurde wie an jedem Abend das Nachthindernis geschlossen, ja sogar die Posten vom Taghindernis eingezogen, und damit waren wir uns selbst überlassen. Der außerordentliche Regen kam uns sehr zustatten, denn sonst pflegten die englischen Soldaten abends in unserem Park herumzutollen, wobei ein Entdecktwerden sehr leicht möglich gewesen wäre.

Stunde um Stunde verrann. Stumm lagen wir da, nur ab und zu stießen wir uns gegenseitig an und nickten uns zu vor Freude, daß bis jetzt alles so gut geklappt hatte.

Um zehn Uhr dreißig abends wuchs unsere Erregung aufs äußerste. Die zweite Probe mußte bestanden werden. Deutlich hörten wir das Signal zum Schlafengehen, und aus dem geöffneten Fenster meines früheren Zimmers erscholl kräftig „Die Wacht am Rhein“. Das war das Zeichen für uns, daß alles auf dem Posten wäre.

Der wachthabende Offizier mit einem Sergeanten schritt sämtliche Stuben ab und überzeugte sich, daß keiner fehlte. Durch wochenlange Beobachtungen hatte ich festgestellt, daß die wachthabenden Offiziere stets denselben Weg wählten, um nach der Ronde auf dem kürzesten Wege in ihre Behausungen zu gelangen. So war es auch heute. Die Ronde fing in dem Zimmer an, wo Trefftz fehlte. Es war selbstverständlich, daß ein anderer bereits in dessen Bett lag.

„All present?“

„Yes, Sir !“

„All right, good night, gentlemen!“

Und so ging die Ronde weiter. Kaum war sie um die Ecke gebogen, als auch schon zwei der anderen Kameraden in entgegengesetzter Richtung herum und in mein Zimmer liefen, und so war es selbstverständlich, daß auch hier alles „present“ war.

Die Aufregung und die gespannteste Erwartung, in der wir uns während dieser Zeit befanden, kann man sich kaum vorstellen. Im Geiste erlebten wir ja alles mit, und da es merkwürdig lange still blieb, befürchteten wir schon, daß alles verloren sei. Mit eiskalten Händen, kaum atmend, das Gehör bis auf das äußerste angespannt, lagen wir da.

Endlich um elf Uhr abends erscholl ein lauter Jauchzer. Das war unser verabredetes Signal, daß alles geglückt war.

Schwarze Nächte an der Themse

Nun blieb um uns alles ruhig. Der Regen hörte Gott sei Dank auf zu strömen. In vollständige Dunkelheit gehüllt lag der Park da, und matt schimmerte das Licht der riesigen Bogenlampen, womit das Nachthindernis beleuchtet war, zu uns herüber. Dumpf hallte der regelmäßige Tritt der in ihren Schutzhäuschen auf und ab marschierenden Posten, und unheimlich klang ihr Zuruf, womit sie sich alle Viertelstunden gegenseitig anriefen. Um zwölf Uhr nachts war Wachtablösung, die ich mit gespanntester Aufmerksamkeit verfolgte. Dann kam der wachthabende Offizier und leuchtete mit einer Lampe das Taghindernis – also unseres – ab, und um halb ein Uhr war wieder tiefste Ruhe.

Nun war der Moment des Handelns gekommen.

Leise kroch ich aus meinem Versteck, wie eine Katze, schlich durch den Park und zu dem Drahthindernis, um mich zu überzeugen, daß wirklich keine Posten mehr ständen. Als alles in Ordnung war und ich die Stelle, über die wir rüber wollten, wiedergefunden hatte, schlich ich zurück und holte Trefftz ab. Nun machten wir den Weg gemeinsam noch einmal.

Am Hindernis angekommen, gab ich leise noch einmal die letzten Verhaltungsmaßregeln und dann Trefftz mein kleines Bündelchen. Als erster fing ich an zu klettern. Der Zaun war zirka drei Meter hoch und alle zwanzig Zentimeter von Draht mit unheimlich langen Stacheln bezogen.

Bis zirka fünfundsiebzig Zentimeter über dem Boden waren elektrisch geladene Drähte gesetzt, deren Berühren genügte, um sie zu entladen und ein Klingelwerk auszulösen, wodurch selbstverständlich das ganze Lager alarmiert worden wäre. Zum Schutz gegen die Stacheln hatten wir Ledergamaschen an und um die Knie Wickelgamaschen gebunden und trugen außerdem noch Lederhandschuhe. Doch die Stacheln waren länger, und sie haben ganz fürchterlich gepikst.

Aber das hatte den Vorteil, daß wir nun nicht ausrutschen konnten, um dadurch den elektrischen Draht zu berühren. Den ersten Zaun überwand ich leicht. Dann gab mir Trefftz unsere beiden Bündel, und ebenso schnell wie ich überstieg auch er den Zaun. Nun kam ein zirka zehn Meter breites und ein Meter hohes schweres Drahthindernis, nach den neuesten Schikanen erbaut. Wie die Katzen liefen wir beide über dieses hinweg. Dann kam wiederum ein hoher Stacheldrahtzaun, genau so beschaffen wie der erste und ebenfalls mit elektrisch geladenen Drähten versehen. Auch hierüber kamen wir beide glatt, nur daß ich mir an den verflixten Stacheln einen Teil meines Hosenbodens ausriß, den ich mir erst wieder herunterholen mußte, um ihn später wieder einzusetzen. Gott sei Dank, das Hindernis war überwunden!

Stumm drückten Trefftz und ich uns kräftig die Hand, und stumm sahen wir uns an. Was wir durchgemacht hatten, wußten wir beide.

Nun begann erst die Hauptschwierigkeit.

Vorsichtig schlichen wir uns in der Dunkelheit weiter, überquerten einen Bach, erkletterten eine Mauer, sprangen in einen tiefen Graben und mußten uns dann an dem Wachthaus, welches am Eingang zum Lager lag, vorbeischleichen. Dann endlich waren wir im Freien!

Auf der großen Landstraße, die nach Donington Castle führt, liefen wir ohne Aufenthalt entlang. Nach einer halben Stunde machten wir halt und entledigten uns der zerfetzten Gamaschen und Handschuhe. Na, die inneren Handflächen sahen ja fein aus, ganz zu schweigen von den Fußsohlen und von der Sitzgelegenheit. Noch wochenlang haben die Andenken an den englischen Stacheldraht gejuckt.

Jetzt öffneten wir unsere Bündel, zogen unsere grauen Zivilregenmäntel an, verstauten die übrigen Kleinigkeiten, und untergehakt wanderten wir frohgemut die Straße weiter, als wenn wir von einem späten Nachtgelage kämen. Als Donington Castle in Sicht kam, mußten wir uns vorsehen. Und alles, was wir tun würden, wenn wir jemandem begegnen sollten, hatten wir verabredet.

Da, als wir eben in die Dorfstraße einbiegen wollten, kam uns ein englischer Soldat entgegen. Wie auf Kommando zog mich Trefftz an sich, und so wie wir es verabredet hatten, markierten wir ein Liebespaar. Verlangend nach uns hinschauend und mit der Zunge schnalzend ging der Engländer vorüber. Als er an uns vorbeiging, erkannte ich ihn mit einem Schlage. Auf seinem Ärmel leuchteten matt die drei Feldwebelswinkel, und diese dicke, gedrungene, auffallende Figur konnte nur unserem englischen Lagerfeldwebel gehören.

Nun schritten wir weiter. Und nachdem das Dorf passiert war, fanden wir glücklich die angegebene Brücke. Doch hier wurde es kritisch. Drei große Chausseen führten von hier aus ab, und es war unmöglich, uns ohne Wegekenntnisse weiterzufinden. Endlich entdeckten wir in der Dunkelheit einen Wegweiser, etwas äußerst Seltenes in England. Zum Glück war es ein eiserner. Und als Trefftz hinaufgeklettert war, konnte er durch Befühlen der erhaben gegossenen Buchstaben das Wort „Derby“ lesen.

In äußerstem Geschwindschritt, uns nach dem Polarstern orientierend, marschierten wir tüchtig darauflos. Sobald uns Leute entgegenkamen oder Autos, und besonders wenn solche hinter uns her fuhren, versteckten wir uns im Chausseegraben und warteten ab, bis die Gefahr vorüber war. Es war doch zu natürlich, daß wir bei jedem Auto glaubten, es sei unseretwegen unterwegs und uns nachgehetzt worden. Als wir Hunger verspürten, aßen wir etwas mitgenommenen Schinken und Schokolade. Aber leider war das eine zu salzig und das andere so süß, daß ein furchtbarer Durst uns plagte. Dieser wurde bald so unerträglich, daß wir kaum noch weiterkommen konnten. Dazu kam, daß wir durch die durchgemachte Aufregung und den anstrengenden Marsch außerordentlich viel Schweiß verloren hatten. In unserer Not stellten wir uns dann an den Chausseegraben, und wie die Ziegen leckten wir die dicken Regentropfen von den Blättern der Büsche ab, bis wir endlich an einer Stelle eine schmutzige Wasserpfütze fanden, über die wir uns gierig trinkend warfen. Oh, das war gut!

Langsam wurde es hell. Und gegen vier Uhr morgens, als wir die ersten Gartenhäuser von Derby erreichten, stieg in wundervollster Pracht blutigrot die riesige Sonnenkugel über den Horizont. Wie gebannt blieben wir stehen, hingerissen von diesem herrlichen Schauspiel, und dann schüttelten wir uns die Hände und winkten freudig der Sonne zu.

Oh, sie kam ja aus Deutschland, direkt aus der Heimat, hatte sich rotgefärbt beim Durcheilen der blutigen Schlachtfelder und brachte uns nun die treuesten Grüße unserer Lieben daheim. Ein gutes Omen!

Nun schlichen wir uns beide in ein kleines Gärtchen, und hier wurde große Toilette gemacht. Die mitgenommene Kleiderbürste vollbrachte Wunder. Die Schuhlappen hatten schwere Arbeit, und mein Hosenboden wurde mit der mitgenommenen Nähnadel geflickt. In Ermangelung von Rasiercreme benutzten wir unseren Speichel, und dann wurden die armen Gesichter mit den mitgenommenen Gilette-apparaten bearbeitet. Zum Schluß banden wir uns „den" Kragen und „den" Schlips um und überließen Kleiderbürste und Stiefellappen dem Gartenbesitzer. Und schick, fast wie Dandies, mit einem koketten Kniff in dem weichen Hut, betraten wir Derby.

Zu unserem Glück fanden wir bald den Bahnhof, trennten uns unauffällig und hatten den unerhörten Dusel, daß bereits in einer Viertelstunde ein Zug nach London ging. Ich löste ein Retourbillett dritter Güte nach Leicester, und mit einer dicken Zeitung bewaffnet bestieg ich den Zug. In Leicester stieg ich aus, löste mir ein Billett nach London, und als ich in das Kupee einstieg, saß zufällig mir gegenüber ein Herr, ebenfalls im grauen Mantel, den ich irgendwo mal gesehen haben mußte, von dem ich aber selbstverständlich keine Notiz nahm. Ich glaube, sein Name fing früher mal mit T. an.

Gegen Mittag lief endlich der Zug in London ein.

Als ich durch die Bahnsperre ging und mein Billett abgab, war mir doch nicht ganz wohl zumute, und so etwas hat meine Hand doch gezittert. Doch der gestrenge Blick des Kontrolleurs bedeutete nichts weiter, und einige Minuten darauf war ich im Gewühl der Großstadt verschwunden.

Wie gut war es jetzt, daß ich vor zwei Jahren in London gewesen war und es so genau kennengelernt hatte. Das erste, was ich tat, war, daß ich in vier verschiedene Frühstücksstuben ging und in jeder von diesen so viel aß und trank, daß es noch eben nicht auffiel. Dann ging ich an die Themse hinunter, rief mir alle Straßen und Brücken und Dampferanlegestellen durch persönlichen Augenschein in die Erinnerung zurück und sah mir besonders an, wo neutrale Dampfer lagen.

Ich hatte mir die Sache doch einfacher vorgestellt. Ich hatte gehofft, sofort einen Dampfer finden zu können, doch nun sah ich zu meiner Besorgnis, daß alle Werften und Ladeplätze und die meisten neutralen Dampfer ebenfalls streng bewacht mitten auf dem Strome lagen.

Die ungewohnte Umgebung, die Unsicherheit, in der ich mich in der ersten Zeit befand, und vor allen Dingen das dauernde Gefühl während der ersten Tage, daß ich stets glaubte, daß jeder Mensch wissen müßte, wer ich wäre, und daß jedermann es mir an der Nasenspitze ablesen könnte, daß ich aus Donington Hall entwichen wäre, taten das ihre. Dazu kam noch die durchgemachte Aufregung und Überanstrengung der letzten Nacht und die trostlose Verlassenheit in der riesigen Feindeshauptstadt. Auch hatte ich mich vergebens bemüht, irgendeine Zeitung zu erwischen, aus der die Abfahrt von Dampfern ersichtlich wäre; das war für mich eine besonders herbe Enttäuschung.

War es da ein Wunder, daß ich ganz entmutigt und müde zum Umsinken um sieben Uhr abends, wie verabredet, vor der St. Pauls-Kathedrale stand, um auf Trefftz zu warten? Bis neun Uhr habe ich gewartet, kein Trefftz kam.

Fest überzeugt, daß es Trefftz bereits gelungen wäre, einen günstigen Dampfer zu fassen, und daß er womöglich London schon verlassen habe, schleppte ich mich gänzlich deprimiert zum Hydepark. Zu meiner Enttäuschung war dieser, entgegen früherer Gewohnheit, geschlossen. Was sollte ich nun tun, wo sollte ich schlafen? Auf der Straße durfte ich nicht bleiben, um nicht aufzufallen. Und in eine Herberge durfte ich erst recht nicht gehen, da ich keinen Paß besaß, den jetzt in England selbst jeder Engländer besitzen mußte und ohne den kein Gastwirt bei schwerster Strafe jemanden aufnehmen durfte.

In einer elenden Bar, in der ich mich etwas stärken wollte, bekam ich nur warmen Stout und nur noch eine einzige Rolle Keks.

Alles andere war vertilgt. Und als auch in der Bar Feierabend geboten wurde, saß ich wieder auf der Straße. Ich bog in eine der vornehmsten Alleen ein, wo prächtige Paläste von schön gepflegten Vorgärtchen umgeben waren. Ich konnte mich kaum noch auf den Beinen aufrechthalten, und als die Luft rein war, sprang ich schnell entschlossen über einen dieser Gartenzäune und hatte mich kurz darauf in der dichten Buchsbaumhecke, nur einen Schritt vom Bürgersteig entfernt, verkrochen. Meine Gemütsstimmung läßt sich nicht beschreiben. Wild hämmerten mir die Pulse, und wild jagten sich die Gedanken in meinem Hirn. In meinen Gummimantel gehüllt, wie ein Dieb zusammengekrochen, lag ich in meinem Versteck.

Wenn man mich jetzt hier fände, in dieser Lage, mich, einen deutschen Offizier! Wie ein Verbrecher kam ich mir vor. Und im Inneren war ich fest entschlossen, nie jemand etwas von der unwürdigen Lage, in der ich mich befand, zu erzählen. Ach, hätte ich den Abend schon gewußt, wo ich mich zwei Tage später nächtelang herumtrieb und das dabei sogar ganz natürlich fand, ich wäre hoffnungsvoller gewesen.

Als ich ungefähr eine Stunde in meinem Versteck lag, öffnete sich in meinem Hause die große Flügeltür einer herrlichen Veranda, und mehrere Damen und Herren in tadelloser Abendtoilette traten heraus, um die prachtvolle Abendluft zu genießen. Von meinem Versteck aus konnte ich alles beobachten und jedes Wort verstehen. Nach einiger Zeit wurde drinnen ein Flügel angeschlagen, und bald ertönte ein prachtvoller Sopran, und wunderschönste, sehnsuchtsvolle Schubertlieder zerwühlten meine Seele.

Endlich übermannte mich die gänzliche Erschlaffung, und wie ein Toter schlief ich ein, in meinen Träumen von schönsten Zukunftsbildern umschwebt.

Der gleichmäßige, feste Tritt eines Polizisten, der auf der Straße, nur einen Schritt von mir getrennt, auf und ab ging, und die hell strahlende Sonne weckten mich am nächsten Morgen auf. Also hatte ich doch die Zeit verschlafen; nun Vorsicht! Stumpfsinnig pendelte der Polizist auf und ab, er wollte nicht weichen. Endlich kam das Glück. Ein allerliebstes Kammerzöfchen öffnete die Tür, und schon war mein Polizist bei ihr und schäkerte vertraulich mit dem taufrischen Käfer.

Ohne von beiden gesehen zu werden, war ich mit einem Satz über den Zaun und auf der Straße. Es war schon sechs Uhr früh und der Hydepark gerade geöffnet worden. Da noch keine Untergrundbahn fuhr, ging ich in den Park und legte mich lang auf eine Bank zu mehreren anderen Vagabunden, die es sich dort bereits bequem gemacht hatten. Dann zog ich den Hut übers Gesicht, und fest schlief ich bis neun Uhr weiter.

Frisch gestärkt mit neuem Mut bestieg ich die Untergrundbahn und fuhr zur Hafengegend. Am „Strand" erweckten riesige gelbe Plakate meine Aufmerksamkeit.

Und wer beschreibt mein Staunen, als ich darauf dick und fett gedruckt las, daß:

1. Mr. Trefftz bereits am Abend vorher gefangengenommen worden war und

2. daß Mr. Plüschow „still at large" sei, aber

3. man ihm bereits auf der Spur wäre.

Das erste und dritte waren mir neu, das zweite war mir bekannt.

Schnell kaufte ich mir nun die „Daily Mail", ließ mich in einer einfachen Frühstücksstube nieder und las mit großem Interesse den nebenstehenden Steckbrief.

Also der arme Trefftz, nun hatten sie ihn doch gekitcht!

Mein Entschluß, was nun zu tun sei, stand bei mir fest, und der Steckbrief leistete mir dabei vorzügliche Dienste. Zuerst mußte ich meinen grauen Gummimantel loswerden. Ich ging zur „Blackfriars Station“ und gab meinen Mantel dort im Gepäckaufbewahrungsraum ab. Als ich das graue Ding dem Beamten übergab, fragte dieser mich plötzlich: „What's your name, Sir?“ (Wie ist Ihr Name?)

Wie ein Schreck fuhr mir diese Frage in die Glieder, auf diese Frage war ich nicht gefaßt. Mit zitternden Knien fragte ich: „Meinen?“, im Innern natürlich denkend, daß der Mann wüßte, wer ich wäre, und vor Schrecken sogar deutsch antwortend.

„Oh, I see, Mr. Mine, M, I, N, E.“ Und damit übergab er mir das Zettelchen für Mr. Mine.

Daß dem Beamten mein Schrecken nicht aufgefallen ist, war ein Wunder, und mir war etwas übel zumute, als ich zwischen den beiden wachthabenden Polizisten am Eingang des Bahnhofes, die mich scharf musterten, hindurchschritt.

Bei meiner Flucht hatte ich einen blauen Zivilanzug angezogen, den ich mir seinerzeit in Schanghai hatte machen lassen und den schon in Schanghai Herr Brown und Scott, später der Millionär Mc Garvin getragen hatte, der dann an einen gewissen Schlosser, später Schloßherr Ernst Suse vermacht worden war, dann wieder bessere Tage erlebte, als ein deutscher Seeoffizier ihn anzog, und nun sein Dasein auf dem Leibe des Dockarbeiters George Mine beendete. Unter dem Jackett hatte ich einen blauen Mannschaftssweater, den eine unserer gefangenen Matrosenordonnanzen in Donington Hall mir geschenkt hatte. In der Tasche trug ich eine alte zerfranste Sportmütze, ein Taschenmesser, Taschenspiegel, Rasierapparat, ein Stück Bindfaden und zwei Taschentücher vorstellensollende Lappen. Ferner besaß ich das stolze Vermögen von hundertzwanzig Schilling, die ich mir erspart und zusammengepumpt hatte. Pässe und Papiere, die jetzt in England selbst jeder Engländer haben mußte, habe ich niemals besessen.

Nun ging ich an die Themse zu einer entlegenen Stelle. Mein schöner weicher Hut flog durch Zufall von der London-Bridge ins Wasser, Kragen und Schlips folgten an einem anderen Orte nach, ein schöner vergoldeter Knopf prangte herrlich vorne in der grünen Hemdprise (Marke Knopfzwang), dann wurden die Haare schwarz und schmierig von einer Mischung aus Vaseline, Stiefelwichse und Kohlenstaub, die Hände sahen bald aus, als wenn sie niemals mit Wasser in Berührung gekommen wären, und zu guter Letzt wälzte ich mich auf einem Kohlenhaufen tüchtig herum, und schon war der streikende Dockarbeiter G. Mine fertig.

So konnte man in mir wirklich keinen Offizier vermuten, am allerwenigsten aber von „smart" und „dapper" sprechen. Ich glaube meine Rolle gut gespielt zu haben, und nachdem ich erst den inneren Ekel vor meiner Umgebung und so viel Dreck überwunden hatte und mich sicher fühlte, konnte ich wirklich nur als das angesehen werden, wofür ich mich ausgab: als fauler, dreckiger Dockarbeiter oder Segelschiffsmatrose.

Mit meiner Mütze frech im Genick, vor Schmutz starrend, die Jacke offen, den blauen Seemannssweater und als einzige Zierde den Kragenknopf zeigend, mit den Händen in den Taschen, pfeifend und spuckend und mich überall herumlümmelnd, wie ich es zu tausenden Malen in allen Hafenstädten der ganzen Welt von den Matrosen gesehen hatte, trieb ich mich tagelang in London herum, ohne auch jemals nur den leisesten Verdacht bei irgendeinem Menschen zu erwecken, daß ich etwas anderes sei, als wonach ich aussah.

Darauf beruhte überhaupt mein ganzer Plan.

Die einzigste Möglichkeit, unentdeckt zu bleiben, war die, mich so zu benehmen und so auszusehen, daß ich niemals den leisesten Verdacht erweckte. Es durfte überhaupt niemals so weit kommen, daß ein Mensch auf mich aufmerksam wurde, und wenn ein Polizist mich erst gefragt hätte, wer ich sei, hätte ich nur meinen richtigen Namen angeben können. Daher war es auch vollkommen unnötig, daß die

Steckbriefe meine Tätowierung auf dem Arm immer wieder als Schlüssel zur Entdeckung erwähnten. Wenn es erst so weit kam, dann war längst vorher schon alles verloren.

Am zweiten Vormittage hatte ich unerhörtes Glück.

Ich saß auf dem Verdeck eines Autobusses, hinter mir zwei Kaufleute in angeregter Unterhaltung. Plötzlich fing ich die Worte auf: „Tilbury, holländischer Dampfer abfährt"; und nun hörte ich scharf zu.

Ich mußte mein Herz festhalten, sonst hätte es Freudensprünge gemacht. Die beiden unvorsichtigen Gentlemen erzählten nichts weniger, als daß jeden Morgen um sieben Uhr ein holländischer Schnelldampfer nach Vlissingen führe und jeden Nachmittag der Dampfer vor Tilbury Docks zu Anker ginge.

Mit einem Satz war ich raus aus dem „Bus".

Schnell zur „Blackfriars Station", ein Billett gelöst, und eine gute Stunde später stieg ich bereits in Tilbury aus. Es war Mittagszeit, die Arbeiter strömten in ihre Stampen. Ich ging zuerst zur Themse runter und erkundete mein Operationsgebiet und überzeugte mich, daß mein Dampfer noch nicht da war. Da ich Zeit und kräftigen Hunger hatte, ging ich nach Tilbury zurück und trat in eine der vielen Speisewirtschaften, wo ich besonders viel Dockarbeiter hatte hineingehen sehen. In einem großen Saale saßen etwa hundert Arbeiter an langen Tischen und vertilgten riesige Schüsseln. So wie es die übrigen taten, ging ich auch an eine Klappe, legte acht Pennys auf den Tisch und empfing einen großen Teller gehäuft mit Kartoffeln, Gemüse und einem mächtigen Stück Fleisch. Dann ging ich an die Bar, kaufte mir ein großes Glas Stout, und in aller Gemütsruhe setzte ich mich zu den anderen Arbeitern an den Tisch, deren Eßweise und Haltung beim Essen genau nachahmend, wobei mir das Essen der Erbsen mit dem Messer besondere Schwierigkeiten verursachte.

Mitten im besten Stauen wurde ich plötzlich von hinten auf die Schulter getippt. Eisig fuhr es mir durch alle Glieder. Als ich mich umdrehte, stand der Besitzer da und fragte mich nach meinen Papieren. Ich dachte natürlich, er meinte meine Ausweise, und schon gab ich alles verloren. Da ich natürlich nichts vorweisen konnte, mußte ich dem Wirt folgen, und voll Schrecken gewahrte ich, wie er an den Fernsprecher ging, um zu telephonieren. Mit einem Blick schielte ich schon nach der Tür und wollte eben fortlaufen, als der Wirt, der mich durch ein Glasfenster beobachtete, wieder zu mir trat und mir sagte: „Ja, da Sie Ihre Papiere vergessen haben, kann ich Ihnen nicht helfen; übrigens: wie heißen Sie und wo kommen Sie her?"

„Ich bin George Mine und amerikanischer Leichtmatrose auf der Viermastbark ‚Ohio', die oben auf Strom liegt. Ich bin eben hier hereingegangen und habe doch schon mein Essen und mein Bier bezahlt, meine Papiere habe ich natürlich nicht mit!"

Dann er: „Dies ist ein geschlossener sozialdemokratischer Verein, hier dürfen nur Mitglieder essen, das sollten Sie doch wissen, doch wenn Sie Mitglied werden wollen, stehen Ihnen die Räume stets frei."

Natürlich war ich damit einverstanden. Ich zahlte meine drei Schilling Eintrittsbeitrag, erhielt ein knallrotes Seidenbändchen ins Knopfloch gebunden und eine Mitgliedskarte, und damit war ich nun jüngstes Mitglied des sozialdemokratischen Dockarbeitervereins von Tilbury!

Als wenn nichts geschehen wäre, ging ich wieder an meinen Tisch, trank mit einem Zug mein Glas aus, um mich von dem durchgemachten Schrecken zu erholen, verließ aber bald den Raum, da mir, offen gestanden, der Appetit vergangen war und das Essen mir so recht nicht mehr schmecken wollte.

Nun ging ich ans Flußufer hinunter, legte mich ins Gras, tat, als ob ich schliefe, und paßte auf wie ein Luchs.

Dampfer an Dampfer zog an mir vorüber. Meine Erwartung wuchs unendlich. Um vier Uhr nachmittags lief stolz und majestätisch ein holländischer Schnelldampfer ein und machte direkt vor meiner Nase an einer Boje fest. Und erst mein Glück und meine Freude, als ich vorne am Bug in weißen, leuchtenden Buchstaben den Dampfernamen: „Mecklenburg" las. Das war für mich als Mecklenburger und Schweriner das beste Vorzeichen.

Nun fuhr ich mit der Fähre nach Gravesend hinüber, von wo aus ich den Dampfer unauffälliger beobachten konnte, und bummelte, die Hände in den Taschen, sorglos ein Liedchen pfeifend, möglichst bummlig und schlaksig im Seemannsgang am Ufer entlang, in Wirklichkeit aber scharf beobachtend.

Mein Plan war folgender:

Nachts schwimmend die Boje, an der der Dampfer lag, zu erreichen, dann an der Stahlleine hochzuklettern, mich an Deck zu schleichen und als blinder Passagier nach Holland zu fahren.

Meine Operationsbasis hatte ich bald gefunden.

Als ich mich vergewissert hatte, daß ich unbeobachtet war, kletterte ich in ein Holz- und Gerümpellager, welches bis ans Wasser der Themse reichte. Unter einigen Brettern lagen mehrere Bündel Heu, und in diese verkroch ich mich und wartete die Nacht ab.

Diese Heubündel sind dann auch für sämtliche übrigen Nächte mein Aufenthaltsplatz geblieben.

Gegen zwölf Uhr nachts stieg ich aus meinem Versteck. Am Tage hatte ich mir alle in der Nähe liegenden Gegenstände, sämtliche für mich notwendigen Peilungen genau eingeprägt. Vorsichtig schlich ich über Haufen von Gerümpel, alte Balken; der Regen rauschte, und in der pechschwarzen Nacht konnte ich kaum die beiden Kuffs wiederfinden, die ich am Tage neben dem Holzlager gesehen hatte.

Auf allen vieren kriechend, immer wieder angespannt lauschend, mit den Augen versuchend die Dunkelheit zu durchbohren, näherte ich mich meinem Ziel.

Zu meinem Schrecken gewahrte ich, daß die beiden Kuffs, die am Nachmittage noch im tiefen Wasser gelegen hatten, jetzt fast trocken lagen. Aber hinten am Heck, da schwabberte Gott sei Dank noch ein kleines Dingi im Wasser.

Kurz entschlossen wollte ich zu dem Boot hinlaufen, aber ehe ich wußte, was mit mir geschah, gab der Boden unter mir nach, und blitzschnell versank ich bis an die Hüften in eine zähe, schlüpfrige, übelriechende Schlammasse. Mit den Armen schlug ich um mich, und gerade konnte ich mich noch mit der linken Hand an einer Planke festkrallen, die vom Ufer zu dem Segelschiff hinüberführte.

Mit äußerster Kraftanstrengung befreite ich mich aus der eklen Masse, die beinahe ein furchtbares Grab für mich geworden wäre, und gänzlich erschöpft schleppte ich mich zu meinen Heubündeln zurück.

Als am dritten Morgen meiner Flucht die Sonne aufging, hatte ich den Lattenzaun bereits wieder übersprungen und lümmelte mich auf einer Bank der Parkanlagen von Gravesend herum. Pünktlich um sieben Uhr früh warf meine „Mecklenburg" von der Boje los und rauschte stromabwärts dem freien Meere zu.

An diesem ganzen Tage trieb ich mich, wie auch später, in London herum. Stundenlang stand ich auf den Brükken wie so viele andere Tagediebe und merkte mir genau die Lage der neutralen Dampfer und vor allen Dingen den Stand ihrer Ladungsarbeiten, um jederzeit, wenn ich einen glücklichen Augenblick erhaschen konnte, unbemerkt an Bord zu schleichen.

Essen tat ich in allen diesen Tagen in den gewöhnlichsten Arbeiterstampen von London-East; ich sah so verkommen und dreckig aus, torkelte oder hinkte oft absichtlich, machte ein blödes, stieres Gesicht und ging so krumm und schlaksig, daß kein Mensch von mir Notiz nahm. Ich vermied zu sprechen und merkte mir genau die Aussprache und die Art und Weise, wie die Arbeiter ihr Essen bestellten. Bald hatte ich eine solche Sicherheit und Fertigkeit und wurde so frech, daß ich niemals mehr auf den Gedanken kam, ich könnte entdeckt werden.

Am Abend war ich wieder in Gravesend.

Da lag wirklich wieder ein Dampfer, und diesmal war es die „Prinzeß Juliana".

Nun paßte ich besser auf und studierte alles so eingehend und genau, besonders die Beschaffenheit des Flußufers, daß ich meiner Sache sicher war.

Nachts um zwölf Uhr war ich an meinem ausgewählten Platz. Das Ufer war steinig, und die Ebbe fing eben erst an zu laufen. Leise zog ich meine Stiefel, Strümpfe und Jacke aus, verstaute meine Strümpfe, meine Uhr, Rasierapparat usw. in meine Mütze, setzte diese samt dem teuren Inhalt auf den Kopf und band sie fest.

Dann versteckte ich Jacke und Stiefel unter einem Stein, zog den Ledergürtel meiner Hose fest an, und so angezogen wie ich war, kroch ich leise ins Wasser und schwamm nach der Richtung meines Dampfers hinaus.

Die Nacht war regnerisch und dunkel. Bald konnte ich auch nicht mehr das Ufer erkennen, das ich eben verlassen hatte. Matt konnte ich jetzt eben die Umrisse eines Ruderbootes vor mir ausmachen, welches verankert lag. Ich strebte darauf zu, und trotz furchtbarster Anstrengung kam und kam ich nicht näher. Meine voll Wasser gesogenen Kleider wurden immer schwerer und drohten mich hinabzuziehen; die Kräfte fingen an zu erlahmen, wie Schatten huschten an mir einige Ruderboote vorüber, die in Wirklichkeit aber verankert lagen und an denen ich durch die starke Strömung vorbeigerissen wurde. Krampfhaft, mit meiner ganzen Energie schwamm ich weiter und versuchte den Kopf über Wasser zu halten.

Bald jedoch schwanden mir die Sinne, und als ich wieder zu mir kam, lag ich hoch und trocken auf glatten, von Seetang überwucherten Steinen.

Ein gütiges Geschick hatte mich an einige der wenigen steinigen Stellen des Strandes getrieben, da, wo der Fluß einen scharfen Knick machte; und durch das bei Ebbe schnell fallende Wasser lag ich nun auf dem Trockenen.

Zitternd und bebend vor Kälte und Überanstrengung, raffte ich mich auf und wankte am Ufer entlang, und nach einer Stunde fand ich meine Jacke und meine Stiefel wieder. Dann kletterte ich über meinen Bretterzaun und lag zitternd und zähneklappernd auf meinem Heuhaufen.

Der Regen strömte, und ein eiskalter Wind fegte über mich weg. Als einzige Decke hatte ich meine nasse Jacke und meine beiden Hände, die ich flach und schützend auf meinen Magen hielt, um diesen wenigstens in Takt zu halten und dadurch für die nächsten Tage die nötigen Kräfte zu behalten. Nach zwei Stunden, ohne ein Auge zugetan zu haben, hielt ich es vor Kälte nicht mehr aus, verließ mein Versteck und lief herum, um wenigstens etwas warm zu werden.

Meine nassen Kleider sind erst wieder trocken geworden, als sie mehrere Tage darauf in Deutschland am Ofen hingen! Tagsüber trieb ich mich wieder in London herum. Ich besuchte mehrere Kirchen, in denen ich sicher den Anschein eines frommen Beters erweckt habe, in Wirklichkeit aber ein Stündchen schlief.

An diesem Tage wäre ich beinahe ein englischer Soldat geworden. Wie an allen Tagen, stand auf einem der vielen Plätze auf einer errichteten Tribüne ein Redner und sprach zum Volk. Natürlich Rekrutenfang!

In den glühendsten Farben, in höchster Ekstase schilderte er der lauschenden Menge, wie es aussehen würde, wenn die deutschen Soldaten erst ihren Siegeseinzug durch London hielten. „Die Straßen Londons“, sagte er, „werden von den Tritten der Barbaren widerhallen. Eure Frauen werden von den deutschen Soldaten vergewaltigt und mit ihren kotigen Stiefeln getreten werden. Wollt ihr das, ihr freien Briten?“

Ein entrüstetes „Nein!“ war die Antwort.

„So gut, dann kommt und – – join the army now!“

Ich erwartete einen allgemeinen Sturmlauf. Der Mann hatte wirklich packend geredet. Keiner rührte sich. Nicht einer, der sich meldete und glaubte, daß Kitchener gerade ihn haben wollte. Nun fing der Redner von vorne an, aber seine flammenden Worte verhallten ungehört.

In der Zwischenzeit gingen englische Werbeunteroffiziere durch die Menge. Überall begegneten sie Kopfschütteln, keiner der wackeren Söhne Albions wollte anbeißen. Plötzlich kam ich an die Reihe.

Ein baumlanger Sergeant stand vor mir und befühlte prüfend meine Oberarme. Er schien von seiner Musterung höchst befriedigt zu sein, denn nun fing er mit allen Mitteln an, mich davon zu überzeugen, daß der Soldat ausgerechnet in Kitcheners army das Schönste wäre, was es auf der Welt gäbe. Ich lehnte ab.

„Nein," sagte ich, „es geht nicht, ich bin erst siebzehn Jahre alt."

„Oh, das macht nichts, da machen wir einfach eine Achtzehn draus, und alles ist all right."

„Nein, es geht wirklich nicht, ich bin übrigens Amerikaner und habe auch keine Erlaubnis von meinem Schiffskapitän."

Nun holte der lästige Bursche eine Mappe hervor, in der in den leuchtendsten Farben die englischen Uniformen abgebildet waren. Der Kerl ließ einfach nicht locker. Um ihn endlich loszuwerden, sagte ich ihm, er möchte mir eins der Heftchen überlassen, ich würde dann abends mit meinem Steuermann reden und am nächsten Tage würde ich ihm mitteilen, welche Uniform mir am besten gefiele.

Daß ich von da ab in großem Bogen um diesen Platz herumging, war wohl selbstverständlich.

Nun hatte ich aber allmählich so viel Sicherheit gewonnen, daß ich trotz meines schmutzigen Päckchens (Anzug) ins Britische Museum ging, mir einzelne der größten Gemäldegalerien ansah, ja sogar die Nachmittagsvorstellungen der Varietés besuchte, ohne jemals nach dem Woher und Wohin gefragt zu sein. In den Varietés waren oft die allerliebsten blonden Garderobefräuleins besonders freundlich zu mir und schienen sogar mit dem armen „sailor", der sich sicherlich in das feine Varieté verirrt hatte, Mitgefühl zu haben.

Am ulkigsten war es, wenn ich auf einem Verdecksitz der Autobusse Platz nahm und die Damen und Dämchen naserümpfend und entrüstet von mir abrückten und mich nicht selten verachtende Blicke trafen. Wenn die gewußt hätten, wer neben ihnen saß! Daß ich nicht gerade nach

Parfüm roch, war bei meiner Nachtarbeit und den nassen schlammbeschmutzten Kleidern kein Wunder.

Am Abend war ich wieder in meinem Gravesend. In dem kleinen Park, der direkt ans Themseufer stieß, spielte Militärmusik, und mehrere Stunden saß ich ruhig auf einer Bank direkt am Strand, lauschte den Klängen der Musik und beobachtete wie ein Luchs.

Meinen Plan, zum Dampfer hinüberzuschwimmen, hatte ich endgültig aufgegeben, da ich einsah, daß die Strecke zu weit und die Strömung viel zu reißend war.

Jetzt kam es für mich nur noch darauf an, irgendwo unauffällig ein Ruderboot zu requirieren, um damit zum Dampfer gelangen zu können.

Vor mir lag gerade ein passendes, doch war dieses an einer Schleuse festgemacht, die von einem Posten Tag und Nacht bewacht wurde.

Doch gewagt mußte es werden!

Nachts um zwölf Uhr bei wiederum stockfinsterer Nacht schlich ich durch den Park und kroch an die zirka zwei Meter hohe Ufermauer heran. Ein Sprung über einen Gartenzaun, und schon lag unter mir leise schaukelnd mein Boot. Atemlos lauschte ich. Der Posten, nur zehn Schritt entfernt, schlenderte schlaftrunken auf und ab. Meine Stiefel hatte ich ausgezogen und mit den Schuhlitzen um den Hals gebunden, das offene Messer zwischen den Zähnen. Leise wie ein Indianer glitt ich an der Mauer hinunter. Mit den Fußspitzen konnte ich gerade das Dollbord des Bootes angeln, lautlos glitten meine Hände an dem harten Granit entlang, und eine Sekunde darauf saß ich zusammengekauert im Boot. Atemlose Spannung. Mein Posten ging unter seinen heilen Bogenlampen ungestört auf und ab. Mit meinem Boot lag ich Gott sei Dank im Dunkeln. Meine durch nächtliche Torpedobootsfahrten geübten Augen sahen jetzt trotz der schwarzen Nacht fast wie am Tage. Vorsichtig tastete ich die Riemen ab. Verdammt, sie waren von einer Kette umschlossen. Zum Glück war diese aber nicht stramm angezogen, und leise zog ich erst den

Bootshaken, dann einen Riemen nach dem anderen aus der Kettenschlinge heraus. Knirschend durchschnitt nun mein Messer die beiden Taue, mit denen das Boot an der Mauer festgemacht war, und unhörbar tauchten meine Riemen in das Wasser ein und trieben das Boot vorwärts.

Als ich in das Boot gestiegen war, hatte es schon sehr viel Wasser gehabt. Nun gewahrte ich zu meinem Schrekken, daß das Wasser im Boot mit großer Geschwindigkeit stieg. Schon überspülte das Wasser die Ducht, auf der ich saß, immer schwerer und unhandlicher wurde das große Boot, mit verzweifelter Kraft warf ich mich in meine Riemen. Plötzlich knirschte der Kiel, und das Boot lag eisern fest. Kein Pullen, kein Absetzen mit Riemen und Bootshaken half, das Boot blieb unbeweglich, und rasend schnell fiel das Wasser um das Boot herum, und schon nach wenigen Minuten saß ich fest und trocken im Schlick, dafür aber zum Trost das Boot innen bis an den Rand voll Wasser. Ich habe eine so schnelle Veränderung der Wasserhöhe bei Ebbe und Flut noch nie vorher erlebt. Wenn auch die Themse in dieser Beziehung berüchtigt war, das hatte ich doch nicht für möglich gehalten.

Ich befand mich wohl in der kritischsten Lage der ganzen Flucht. Ringsherum war ich umgeben von weichem, stinkendem Schlick, dessen Bekanntschaft ich zwei Abende vorher beinahe mit dem Leben bezahlt hatte. Schon der Gedanke daran machte mich schaudern. Nur zweihundert Meter entfernt ging der Posten auf und ab, und ich selbst befand mich mit meinem Boot zirka fünf Meter von der zwei Meter hohen granitenen Ufermauer entfernt.

Kühl überlegend saß ich auf meiner Ducht. Eins stand fest: die Engländer durften mich hier nicht finden, denn wie einen tollen Hund hätten sie mich totgeschlagen.

Vor dem nächsten Vormittage stieg aber das Wasser nicht wieder. Also gab's nur eins: alle Energie zusammengerafft, Zähne zusammengebissen und versucht, den Schlick zu überwinden. Ich zog auch noch meine Strümpfe aus, krempelte die Hosen so hoch hinauf, als es irgend ging, dann legte ich die Bootsplanken und die Riemen nebeneinander auf den quillenden und glucksenden Schlammboden, dann benutzte ich den Bootshaken als Sprungstange und setzte ihn mit der Spitze auf eine Planke auf, stellte mich auf das Dollbord des Bootes, dann alle Kraft zusammengenommen, mit einem mächtigen Satze schwang ich mich im Stabhochsprung um meinen Bootshaken und ... mit einem lauten Platsch langte ich nur einen Meter von der Mauer entfernt an und sank bis weit über die Knie in den zähen Brei, dann aber festen Grund unter den Füßen spürend. Nun arbeitete ich mich an die Mauer heran, legte meinen Bootshaken als Kletterstange an, und einige Sekunden darauf war ich oben und saß mitten auf dem Rasen des kleinen Parkes, in dem ich einige Stunden vorher der Musik gelauscht hatte. Um mich herum lautlose Stille. Ein Alp wich mir von der Brust. Niemand, auch der Posten nicht, hatte etwas gemerkt.

Mit ziemlichem Mißbehagen betrachtete ich mir meine Beine. Bis über die Knie klebte eine dicke, stinkende, graue Schicht. Wasser zum Waschen war nirgends in der Nähe. Aber so konnte ich unmöglich meine Strümpfe und meine Stiefel wieder anziehen. Mühsam strich ich daher mit den Fingern die Schlickmasse, so gut es ging, ab, und als die klebengebliebene Kruste einigermaßen trocken war, gelang es mir, Schuhe und Strümpfe anzuziehen und die aufgekrempelten Hosen herabzustreifen.

Der erste Plan war zwar mißglückt, aber immerhin hatte ich dabei so viel Glück gehabt, daß ich voller Mut einen zweiten Versuch machen wollte.

Mit den Händen in den Taschen, einen betrunkenen Matrosen markierend, torkelte ich der kleinen Brücke, die von meinem Posten bewacht war, zu. In meiner Betrunkenheit rempelte ich den Posten sanft an, dieser schien solche Anblicke gewöhnt zu sein, und mit einem gemütlichen: „Halloh! Old Jack, one Whisky too much!“ klopfte er mir auf die Schulter und ließ mich passieren.

Einige hundert Schritte weiter war ich wieder der alte. Nach kurzem Suchen fand ich die steinige Uferstelle wieder, an der ich den Abend vorher den beinahe mißlungenen Schwimmversuch unternommen hatte.

Es war ungefähr zwei Uhr nachts, im Nu hatte ich mich ausgezogen, und sofort sprang ich, diesmal leicht und unbehindert, so wie mich der liebe Gott geschaffen hatte, ins Wasser. Der Himmel war zum erstenmal umwölkt, und schwach hoben sich die Umrisse mehrerer zirka zweihundert Meter vom Ufer entfernt verankerter Ruderboote ab. Das Wasser phosphoreszierte ganz ungewöhnlich stark; nur in den Tropen habe ich Ähnliches erlebt. Wie in einem Meer von Gold und Silber schwamm ich daher. Zu einer anderen Zeit hätte mich dieses Naturwunder höchst entzückt, jetzt befürchtete ich, daß das helle Aufleuchten meines nackten weißen Körpers in dem hellen Goldstrom mich verraten würde. Zuerst ging alles nach Wunsch. Sowie ich aber die links vor mir liegende schützende Uferecke passiert hatte, faßte mich der Strom, und nun gab es wieder ein Ringen mit dem Element auf Leben und Tod. Als meine Kräfte zu ermatten drohten, erreichte ich das erste Boot. Die letzte Kraft zusammengenommen, und nach einem mächtigen Klimmzug polterte ich in das Innere des Bootes hinein.

Verhängnis! Das Boot war leer.

Kein Riemen, kein Haken, mit dem ich mich hätte vorwärtsbewegen können. Nach kurzer Pause glitt ich wieder ins Wasser hinab und ließ mich nun von dem Strom gegen das nächste, dahinterliegende Boot treiben. Auch dieses Boot ... leer. Und so ging's noch mit drei anderen Booten, bis ich schließlich beim letzten leeren anlangte, und nachdem ich mich verschnauft hatte, ging es wieder hinein in das glitzernde, jetzt aber unangenehm kalte Element. Und zwei Stunden nachdem ich abgeschwommen war, langte ich wieder bei meinen Kleidern an.

Da ich vor Kälte wie Espenlaub zitterte, machte es mir besondere Arbeit, naß wie ich war, in die ebenfalls noch nassen und klebenden Kleider zu gelangen.

Eine halbe Stunde darauf lag ich, an meinem Glücksstern zweifelnd, in meinem Heuhaufen.

War es mir übelzunehmen, daß ich etwas mutlos wurde? Und vor allen Dingen gleichgültig? Ja, ich war so herunter, daß ich am nächsten Morgen nicht die Energie fand, rechtzeitig mein Versteck zu verlassen, und erst über den Bretterzaun setzte, als schon der Besitzer des Holzlagers mehrere Male dicht an meinem Versteck vorbeigeschritten war. Diesen kommenden Tag ging ich zu Fuß von Gravesend nach London hinauf und von London zu Fuß auf der anderen Themseseite nach Tilbury hinunter. Alles nur, um ein Boot finden zu können, das ich mir unbemerkt leihen konnte. Es war ja gar nicht zu glauben, mehrere lagen da, aber die nur gut bewacht von ihren Besitzern. Mutlos gab ich das Rennen auf. An diesem Abend ging ich in ein Varieté in der festen Absicht, die zwanzig Schilling, die ich noch besaß, zu verjubeln, dann in einer Nacht alles auf eine Karte zu setzen und zu versuchen, in die Docks zu gelangen und mich auf einem neutralen Dampfer zu verstecken. Und wenn das, wie es Trefftz gegangen war, mißlang, wollte ich mich der Polizeibehörde stellen.

Ich stand auf der obersten Galerie des größten Londoner Varietés und folgte dem Spiele. Eine innere Stimme raunte mir immer zu: Du gehörst nach Gravesend zur Arbeit, deine Pflicht ist es, die Schlappheit zu überwinden, sonst bist du kein deutscher Seemann mehr! Als lebende Bilder gestellt wurden, Szenen aus dem Schützengraben und Verherrlichungen des zukünftigen Sieges und Friedens, bei denen selbstverständlich die Deutschen nur fliehend und geschlagen dargestellt wurden, ja als sogar auf dem Hauptbild Britannia dargestellt wurde im strahlenden Sonnenglanz, die Siegespalme in der Hand, mit ihrem rechten Fuß auf einem gefesselt daliegenden feldgrauen deutschen Soldaten, da packte mich der heilige Zorn, und fluchtartig trotz Protestes meiner Nachbarn verließ ich das Theater und faßte gerade noch den letzten Zug nach Tilbury.

Jetzt war mir wieder wohl zumute. Und ich war in meinem Innern so fest überzeugt, daß mir heute mein Plan gelingen würde, daß es gar nicht anders kommen konnte.

Als ich die ersten Fischerhütten von Gravesend passierte, fand ich einen kleinen Bootsriemen. Zur Sicherheit nahm ich diesen mit. Mitten in der Hafenstraße, da, wo in den Kaieinschnitten die Fischkutter direkt anlegten, schaukelte ein kleines Dingi. Nur zwanzig Schritt davon entfernt saßen auf einer Hausbank gemütlich plaudernd die Besitzer der Fischkutter und des dazugehörigen Dingis. Da die guten Seeleute mit ihren Geliebten zärtlich kosten, war von meiner Gegenwart nichts bemerkt worden.

Riskant war es, aber: Nur dem Mutigen gehört die Welt, brummte ich in mein Inneres hinein. Und dank meiner erworbenen Übung, kroch ich unhörbar in das Boot, ein scharfer Schnitt, und leise glitt die winzige Nußschale am Fischkutter entlang, auf dessen Achterdeck eine Frau ihr Kind in den Schlaf wiegte.

Da keine Dollen im Boot vorhanden waren, setzte ich mich achteraus und wrickte nun mit aller Kraft vom Ufer fort. Kaum hatte ich jedoch ein Drittel des Weges zurückgelegt, als mich plötzlich mit unwiderstehlicher Gewalt die Ebbströmung faßte, mein Boot wie einen Kreisel herumwirbelte und alle meine Versuche, Kurs zu halten, vergeblich machte. Jetzt galt's seemännische Geschicklichkeit zeigen. Mit eiserner Faust brachte ich das Boot in meine Gewalt, und genau mit dem Strom schwimmend, steuerte ich flußabwärts. Jetzt kam ein gefährlicher Moment. Eine mächtige, quer über den Fluß reichende und von Soldaten streng bewachte militärische Pontonbrücke kam mir in den Weg. Ein Moment kalter Ruhe, schärfster Anspannung, ein Anruf eines Postens, und unverwandt geradeaus sehend und nur auf meinen Riemen achtend, schoß der Nachen zwischen zwei Pontons hindurch. Nur wenige Sekunden darauf erhielt das Boot einen kräftigen Stoß, und schon war ich an den Ankerketten eines mächtigen Kohlenleichters gestrandet. Wie der Blitz hatte ich mein Bootstau um die Ankerkette festgemacht, nur Bruchteile von Sekunden, in denen das Boot beinahe gekentert wäre. Jetzt war ich in Sicherheit. Wie rasend schoß das Wasser gurgelnd an meinen Bootsplanken vorüber, der volle Ebbstrom, verstärkt durch das Flußgefälle, mußte schon eingesetzt haben.

Mir blieb jetzt nichts anderes zu tun übrig, als geduldig zu warten.

An meiner Steuerbordseite lag mein Dampfer. Ich wollte abwarten, bis wieder Stauwasser eingetreten war, um dann hinüberzuwricken. Innerlich frohlockte ich schon vor lauter Übermut, als schnell der nötige Dampfer kam. Der Morgen fing an zu grauen, immer heller traten die Umrisse der verankerten Schiffe hervor, endlich ging die Sonne auf, und immer noch rauschte das Wasser so kräftig an mir vorbei, daß an ein Fortkommen für mich nicht zu denken war. Die Flucht war sowieso in dieser Nacht unmöglich. Glücklich aber, daß ich wenigstens das lang gesuchte Boot besaß, ließ ich mich mit dem letzten schwachen Ebbstrom stromabwärts gleiten, und nach zirka einer Stunde machte ich an einer alten zerfallenen Brücke am rechten Themseufer fest. Mein Boot versteckte ich unter der Brücke, die beiden Riemen nahm ich zur Vorsicht mit an Land und verstaute sie im hohen Gras. Dann legte ich mich selbst in die Nähe und beobachtete. Um acht Uhr früh rauschte mein Dampfer stolz an mir vorüber. Es war die „Mecklenburg". Nun kam noch eine harte Geduldsprobe. Sechzehn Stunden blieb ich im Grase liegen, bis abends um acht Uhr die Befreiungsstunde schlug.

Da bestieg ich wieder mein Boot. Vorsichtig ließ ich mich durch die eben einsetzende Flußströmung wieder stromaufwärts treiben und machte am selben Leichter fest, an dem ich die Nacht vorher gestrandet war. Querab von mir, nur fünfhundert Meter entfernt, lag die „Prinzeß Juliana" an ihrer Boje.

Jetzt hatte ich Zeit, legte mich lang in das Innere meines Bootes und versuchte vergebens, ein Nickerchen zu machen. Der Flutstrom schwoll, und bald war ich wieder von brausendem Wasser umgeben.

Nachts um zwölf Uhr wurde es still um mich herum, und als um ein Uhr das Boot ruhig im Stauwasser schlingerte, warf ich los, setzte mich achtern dwars in mein Boot und wrickte in größter Gemütsruhe, als wenn ich mich auf einer Sonntagspartie im Kieler Hafen befände, zum Dampfer.

Unbemerkt gelangte ich an die Festmacherboje.

Haushoch türmte sich über mir der scharfe schwarze Vorsteven meines Dampfers. Ein kräftiger Ruck, und oben war ich auf der Boje. Nun gab ich meinem treuen Schwan einen tüchtigen Fußtritt, und schnell wurde er von der eben wieder einsetzenden Ebbströmung stromab geführt. Mäuschenstill lag ich mehrere Minuten auf der Eisentonne. Dann kletterte ich, von eiserner Ruhe erfüllt, wie eine Katze an der mächtigen Stahltrosse zur Klüse empor. Vorsichtig steckte ich den Kopf über den Wassergang und spähte.

Die Back war leer.

Ein kurzes Aufstemmen, und oben war ich.

Ein blinder Passagier

Jetzt kroch ich auf dem Deck entlang zum Ankerspill und versteckte mich zuerst mal in der Ölwanne unter der Kettentrommel.

Als alles um mich ruhig blieb, kein Mensch sich zeigte, kletterte ich aus meinem Versteck, zog meine Stiefel aus und verstaute sie unter einem Bund Tauwerk in einer Ecke der Back. Auf Strümpfen schlich ich jetzt zur Rekognoszierung. Als ich von Achterkante Back vorsichtig zum Ladedeck hinunterschaute, prallte ich plötzlich zurück, und atemlos, ohne mit der Wimper zu zucken, blieb ich an einen Ventilator angelehnt stehen. Unten auf dem Ladedeck standen zwei Posten, die scharf nach der Back heraufsahen.

Nachdem ich über eine halbe Stunde in meiner halb geduckten Stellung gestanden hatte und mir die Knie den Dienst versagen wollten, kamen unten aus dem Mitteldeck zwei Stewardessen, die scheinbar vom Nachtdienst abgelöst worden waren. Meine beiden Posten ergriffen die günstige Gelegenheit, waren bald in eine Unterhaltung mit ihnen vertieft und achteten nicht weiter auf das, was um sie herum vorging.

Der Morgen fing bereits an zu dämmern, jetzt mußte ich handeln, wenn nicht noch zu guter Letzt alles verloren sein sollte.

Ich rutschte an der den beiden Liebespaaren entgegengesetzten Seite der Back an der Gillung herunter und befand mich auf dem Ladedeck.

Ohne auch nur eine Sekunde zu zaudern, ging ich leise weiter, schlich unbemerkt an den beiden Posten vorbei, erreichte glücklich das Promenadendeck, und dann kletterte ich an den Außenkanten einer Deckstütze hoch und befand mich kurz darauf an der Außenkante eines Rettungsbootes.

Mich mit der einen Hand eisern festhaltend, da zwölf Meter unter mir das Themsewasser gurgelte, reihte ich mit der anderen Hand und mit den Zähnen einige Bändsel des Bootsbezuges los, und mit der letzten Kraftanstrengung kroch ich durch die kleine Lücke und befand mich wohlgeborgen im Bootsinnern.

Jetzt holte ich von innen die gelösten Bändsel wieder an, und kein Mensch hätte auf den Gedanken kommen können, daß sich ein blinder Passagier im Rettungsboot befand.

Nun war es allerdings vorbei mit mir. Die ungeheuerlichen körperlichen Anstrengungen, die seelischen Aufregungen und nicht zum mindesten der nagende Hunger bewirkten, daß ich mich der Länge nach auf den Planken ausstreckte und im selben Moment nicht mehr wußte, was um mich geschah.

Der Weg in die Freiheit

Aus einem totenähnlichen, traumlosen Schlaf wurde ich durch schrilles Sirenengeheul aufgeweckt.

Vorsichtig öffnete ich ein Bändsel meines Bezuges, und am liebsten hätte ich laut „Hurra!" geschrien, denn eben lief der Dampfer in den Hafen von Vlissingen ein.

Nun war mir alles gleich. Ich zog mein Messer, und mit einem Schnitt durchtrennte ich die Bändsel des Bezuges, diesmal aber auf der Seite, wo das Bootsdeck lag.

Aufatmend stand ich mitten auf dem Bootsdeck und erwartete nun, jeden Moment gefangengenommen zu werden.

Kein Mensch, der sich um mich kümmerte. Die Schiffsbesatzung war beim Anlegemanöver, die Fremden waren mit ihrem Reisegepäck beschäftigt.

Nun stieg ich zum Promenadendeck hinunter. Entrüstet wurde ich ob meines Dreckes und meiner zerrissenen blauen Strümpfe, die alles andere als appetitlich aussahen, von einigen Passagieren angesehen.

Aber ich muß so glückliche, strahlende Augen gemacht haben, und die helle Freude leuchtete wohl aus meinem schmutzigen, eingefallenen Gesicht, daß manch erstaunter Frauenblick mich traf.

In diesem Aufzug konnte ich nicht weiter rumlaufen. Ich ging auf die Back, holte mir meine Stiefel herunter (meine besten Hockeystiefel, englische Liebesgaben), und trotzdem ich von einem holländischen Matrosen barsch angeschnauzt wurde, zog ich mir in Seelenruhe meine Lieblinge an und wanderte zum Fallreep.

Der Dampfer hatte direkt am Kai festgemacht.

Die Passagiere verließen das Schiff, von dem Kapitän und den Schiffsoffizieren Abschied nehmend. Erst hatte ich ernstlich vor, mich dem Kapitän zu erkennen zu geben, um die holländische Dampferkompanie nicht zu schädigen.

Dann aber gewann die Vorsicht die Oberhand, und mit den Händen in den Hosentaschen, mich recht lumpig benehmend, schlingerte ich im Seemannsschritt das Fallreep hinab.

Kein Mensch nahm von mir Notiz. Ich tat so, als ob ich zur Schiffsbesatzung gehörte, und half beim Festmachen der Stahlleinen.

Dann mischte ich mich unter das Volk, und während die Passagiere einer scharfen Kontrolle unterzogen wurden, sah ich mich um und entdeckte im Gitter eine Tür, an der groß „Ausgang verboten" stand.

Die führte sicher in die Freiheit !

Im Nu war dieses für mich kinderleichte Hindernis überwunden, und draußen stand ich.

Frei!

Mit meiner ganzen Energie mußte ich mich zusammennehmen, um nicht vor Freude wie ein Tollhäusler herumzuspringen. Zwei wackere Landsmänner nahmen mich auf. Glauben wollten sie es allerdings nicht, daß ich Offizier sei, und vor allen Dingen nicht, daß mir die Flucht aus England gelungen wäre –

Hui, sah das Badewasser aus!

Für drei Personen habe ich an diesem Abend gegessen.

Nachdem ich mir am nächsten Tage einige Kleinigkeiten eingekauft hatte, stieg ich mit meinem Arbeitsgewande in den D-Zug nach Deutschland.

Als sich der Zug eben in Bewegung setzen wollte, tippte mir ein Mann von hinten auf die Schulter (wie ich diese Begrüßungsart verabscheute!) und fragte mich:

„Wo sind Ihre Papiere?"

„Wer sind Sie überhaupt?" sagte ich.

„Ich bin Geheimdetektiv."

„Das kann jeder sagen."

„Jawohl, mein Herr, hier ist meine Marke."

Nun wurde mir doch blümerant zumute!

Ich erklärte dem Herrn äußerst liebenswürdig, daß ich keine Papiere besäße, übrigens direkt nach Deutschland führe und der holländischen Regierung keinerlei Unannehmlichkeiten bereiten würde.

„So,“ sagte er, „aus England kommen Sie und haben keine Papiere, na, das war wohl recht schwer?“

„Ach ja, ziemlich“, meinte ich.

„Na, dann wünsche ich Ihnen weiter glückliche Reise!“

Wir schüttelten uns die Hand, und schon setzte sich der Zug in Bewegung.

Wieder im Vaterland!

Auf meinem Sitz konnte ich es nicht lange aushalten. Ich war allein in meinem Abteil erster Klasse, und von Gedanken und Hoffnungen, die mein Hirn durchrasten, überwältigt, lief ich wie ein wildes Tier in seinem Käfig im Abteil auf und ab.

Endlich, endlich, es schien ja eine Ewigkeit zu sein, fuhr der Zug langsam über die deutsche Grenze.

Der schwarz-weiße Pfahl grüßte zu mir herüber, und weit lehnte ich mich aus dem Fenster hinaus, und jubelnd schrie ich zweimal: „Hurra !"

Das dritte Hurra blieb mir in der Kehle stecken, und überwältigt von Dankbarkeit, von Freude und Glück schluchzte ich laut auf und konnte es nicht verhindern, daß mir die Tränen aus den Augen liefen.

War das Schlappheit?

Der Zug hielt in Goch, die ersten Feldgrauen, die ich in meinem Leben sah, standen auf dem Bahnsteig, und unbesorgt sprang ich aus dem Zug.

Ein harter Griff packte mich am Rockkragen, und ein mächtiger preußischer Wachtmeister mit grimmigem Blick unter leuchtendem Helm, hielt mich in seiner stählernen Faust.

„Ha, da haben wir das Bürschchen!"

Ich wäre dem braven Feldgrauen am liebsten um den Hals gefallen. Noch nie habe ich mich in meinem Leben so sicher gefühlt wie in diesem Augenblick.

Ich versuchte zu erklären, wer ich sei, ein Lächeln, welches einem anderen wenig Trostvolles gesagt hätte, war die Antwort.

Von zwei biederen Landsturmleuten wurde ich am nächsten Morgen nach Wesel transportiert.

Auf dem Geschäftszimmer war noch niemand zu sprechen. Kleine Jungens waren mir nachgelaufen, warfen mit

Steinchen und riefen: „Sie haben ihn, sie haben einen Spion!“ Diese prächtigen Blondköpfe!

Eine Ordonnanz nahm mich in Empfang.

„Na, setzen Sie sich mal hin, mit solchen Leuten wie Sie machen wir kurzen Prozeß, wenn erst der Herr Kapitänleutnant F. kommt, dann gibt's nur ein kurzes Verhör, und Sie baumeln!“

Nach einiger Zeit kam der Gestrenge, natürlich ein Kamerad von mir. Das Erstaunen und die Freude waren nicht zu beschreiben. Aber erst das dumme Gesicht meiner liebenswürdigen Ordonnanz! Diese mußte jetzt sogar laufen und mir Frühstück holen.

Eine besondere Freude machte mir noch hier in Wesel ein englischer Steckbrief aus der „Daily Mail“ vom zwölften Juli, also aus einer Zeit, wo ich bereits längst in Sicherheit war, der damit endete, daß ich wahrscheinlich versuchen würde, mich auf einem neutralen Dampfer als Matrose anwerben zu lassen, und daß

„his recapture should be but a matter of time“!!

Und dann saß ich wieder in der Bahn!

Wunderbar strahlte die Sonne an diesem dreizehnten Juli Neunzehnhundertfünfzehn vom Himmel herab, trunkenen Auges schaute ich auf die deutschen Lande, auf die Heimatbilder um mich herum, die an meinem Abteilfenster vorüberbrausten.

War es Wirklichkeit, was ich erlebte, das Ziel, die Sehnsucht all der Monate des Ringens und Kämpfens erreicht?

Fast neun Monate hatte ich gebraucht, um mich von Tsingtau nach Deutschland durchzuschlagen!!

Es schien mir wie ein wunderbarer Traum, ein Märchen zu sein. Ich saß, von unbeschreiblichen Gefühlen durchtobt, an meinem Fensterplatz allein, immer noch in meinem schmierigen, zerfetzten Fluchtanzug, und fuhr – – erster Klasse!

Kein Wunder, daß die im Gang vorübergehenden Personen, namentlich die in Uniform, und meine Kameraden der

Armee mich mißtrauisch musterten, ja sogar den Zugführer besonders auf mich aufmerksam machten. Ich bereitete mir aber ein diebisches Vergnügen daraus, so zu tun, als ob ich nichts merkte, mich reizte es, zu sehen, wie das Abenteuer auslaufen würde. Für den Notfall hatte ich einen Ausweis aus Wesel auf dem Leibe; der Gedanke, jetzt, so kurz vor dem Ziele, nochmal ins Kittchen zu wandern, belustigte mich aufs höchste.

Ich hatte mich auf beiden Seiten des Fensters so schön breitgemacht, als plötzlich auf einer Haltestelle – Münster – eine Exzellenz in voller Uniform, mit vielen Orden, in mein Abteil trat.

Höflich stand ich auf, raffte meine Papiere, auf denen ich gerade meinen ersten Bericht schrieb, zusammen und bat:

„Darf ich Euer Exzellenz den einen Fensterplatz einräumen?“

Ein wütender Blick aus seinen stahlharten Augen, dann entrang sich ein verächtliches „Brrrrr“ seiner Kehle, und – schwupp, schlug er die Tür von außen wieder zu, und – ich saß wieder gemütlich alleine! Dann packte mich die Ungeduld, wie ein Tier in seinem Käfig lief ich in meinem Abteil auf und ab, die tollsten Gedanken durchwirbelten meinen Kopf.

Da, endlich – es ist sieben Uhr abends – „Bahnhof Zoo“!!

Feucht schimmerten zwei herrliche blaue Augensterne, ein riesiger Strauß wunderbarster roter Rosen lag in meinen Armen, vor Glück und Wiedersehensfreude nicht mächtig, ein Wort zu sagen, verließen wir den Bahnhof …

Die nächsten Tage verlebte ich wie im Traum. Da ich mir erst neue Sachen machen lassen mußte, denn ich hatte doch mein gesamtes Eigentum in Tsingtau verloren und besaß nichts mehr als den zerfetzten Arbeiteranzug, den ich auf dem Leibe trug, wurde ich zunächst überall hinausgeworfen. Selbst der gestrenge Türhüter im Admiralstab wies mir entrüstet die Tür!

Dann erschien ich aber eines Tages wieder in der geliebten blauen Seeoffiziersuniform, und hoch schlug mir das Herz, als mir darüber das Eiserne Kreuz erster Klasse gesteckt wurde.

Und nun kam der Lohn!

Ich wurde wieder Flieger, durfte an die Front, zu meinen kämpfenden Kameraden, durfte mithelfen, für das Vaterland kämpfen, wurde – Kommandeur einer großen Marineflugstation an der östlichen Kampffront!

Die Jahre vergingen.

Vergingen im Kampf, im Ringen, voller Hoffnung, voll festesten Vertrauens auf ein gutes Ende. Kameraden fielen rechts und links, viele gute Freunde, viele Verwandte. Die Heimat kämpfte wacker mit. – Der eigene Bruder fand den Fliegertod!

Dann kam das Ende, der Kampf hatte ausgetobt – – – war das das Ende??

Nein, und abermals nein!!

Das war nicht der Sinn all der Opfer gewesen!

Jetzt verzagen, mutlos werden, sich dadurch selbst das Schicksal bereiten, das den Feinden nicht gelungen war zu erreichen? Nein, nun erst recht nicht!

Nun konnte man zeigen, ob man was taugte, Schranken und Fesseln waren gefallen, eine neue Zeit stieg herauf, wer sie sehen wollte, der sah sie durch all die Nebelwolken und Hindernisse hindurch, und am Ende schimmerte strahlend und klar ein Wille, ein Wort:

„Durch eigene Kraft!!!“

Wieder sind Jahre vergangen, es waren Jahre, schlimmer als die Kampfjahre an der Front, aber sie brachten Freiheit, Erlösung, freies, mutiges Schaffen, Erfolge aus eigener Kraft!

Und eines Tages nahm mich wieder der blaue Ozean auf, trug mich hinüber zu fernen Wunderwelten, überall wurde ich als Deutscher mit Achtung und Freundschaft aufgenommen. Die neue Zeit ist heraufgestiegen!

Und als nach langer Auslandsreise Deutschlands Heimatküste wieder aus den Fluten emporstieg, da wußte ich es von neuem:

Du kannst nicht untergehen, Deutschland, so lange du arbeitest, an dich selbst glaubst und – – einig bist!